EinFach
Deutsch
Unterrichtsmodell

Antoine de Saint-Exupéry

Der kleine Prinz

Erarbeitet von
Andrea Zimmermann

Herausgegeben von
Johannes Diekhans

Inhaltsverzeichnis

Unterrichtsmodelle

Antoine de Saint-Exupéry „Der kleine Prinz“

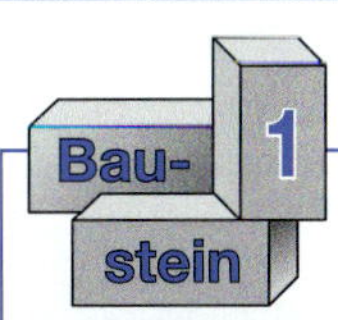

Erste Begegnung mit dem Buch

S. 16–20 im Modell

1.1	Hinführung zur Lektüre	Titelbild, Prolog	Schreibauftrag, Projektvorschläge
1.2	Das 1. Kapitel als Exposition	S. 9–11	Textarbeit, Tafelskizze, Malauftrag

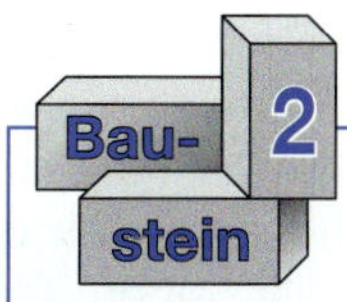

Der kleine Prinz

S. 21–27 im Modell

2.1	Das erste Zusammentreffen mit dem Piloten	S. 11–15	Textarbeit, darstellendes Spiel, Tafel-Tafelskizze, Projektvorschlag
2.2	Das Zuhause des kleinen Prinzen	S. 15–38	Textarbeit, Tafelskizze, Zeichenauftrag, Projektvorschlag
2.3	Die Affenbrotbäume	S. 22–26	Textarbeit, Tafelskizze, Schreibauftrag
2.4	Die Sonnenuntergänge	S. 26–28	Malauftrag, Schreibauftrag

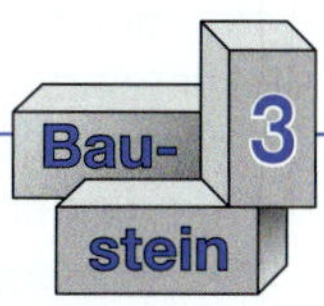

Die Rose

S. 28–33 im Modell

3.1	Der Charakter der Rose	S. 28–38	Textarbeit, Tafelskizze, Arbeitsblatt
3.2	Die Beziehung zwischen der Rose und dem kleinen Prinzen	s. o.	Arbeitsblatt 1, Schreibauftrag
3.3	Der Abschied und die Abreise	S. 36–38	Textarbeit, Schreibauftrag
3.4	Erkenntnisse und Rückkehr	S. 67–75	Textarbeit, Schreibauftrag

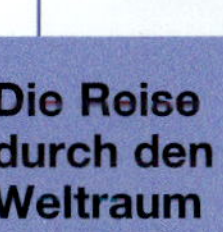

Die Reise durch den Weltraum

S. 34–39 im Modell

4.1	Die Bewohner der anderen Planeten	S. 39–60	Textarbeit, Projektvorschlag
4.2	Puppentheater	s. o.	Bastelauftrag, darstellendes Spiel, Kopiervorlage
4.3	Erkenntnisse auf der Reise	s. o.	Textarbeit, Schreibauftrag

Planet Erde

S. 40–44 im Modell

5.1	Die Suche nach Freunden	S. 20/ S. 61–68	Textarbeit, Projektvorschlag, Tafelskizze
5.2	„Man sieht nur mit dem Herzen gut“	S. 68–75	Textarbeit, Tafelskizze, Schreibauftrag

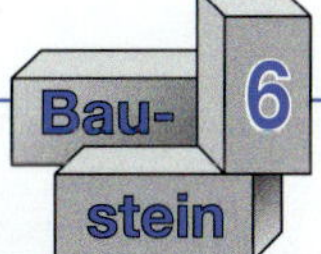

Kinderwelt – Erwachsenenwelt: eine Annäherung?

S. 45–47 im Modell

6.1	Der Weg zum Brunnen	S. 77–80	Textarbeit, Malauftrag, Schreibauftrag
6.2	Der Abschied des kleinen Prinzen	S. 81–92	Schreibauftrag, Projektvorschlag
6.3	Abschluss	S. 92–96, ges. Buch	Schreibaufträge, Bastelaufträge, Malauftrag

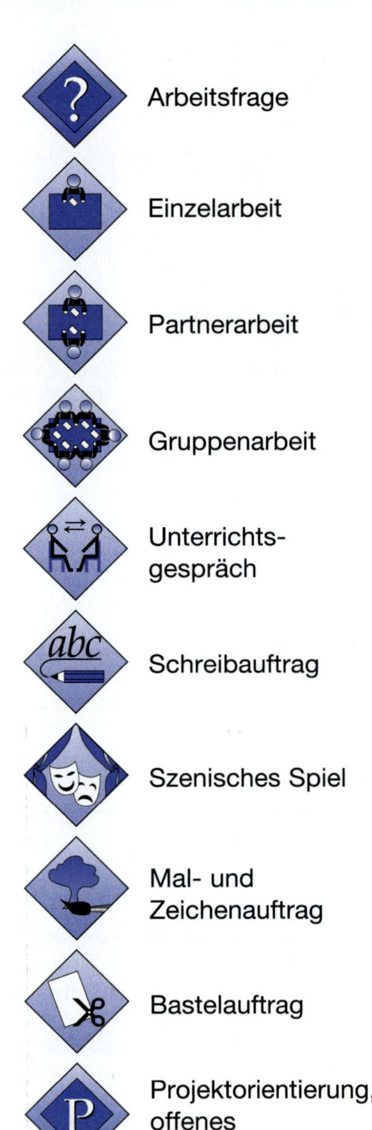

Vorwort

Der vorliegende Band ist Teil einer Reihe, die Lehrerinnen und Lehrern erprobte und an den Bedürfnissen der Schulpraxis orientierte Unterrichtsmodelle zu ausgewählten Ganzschriften und weiteren relevanten Themen des Faches Deutsch bietet.
Im Mittelpunkt der Modelle stehen Bausteine, die jeweils thematische Schwerpunkte mit entsprechenden Untergliederungen beinhalten.
In übersichtlich gestalteter Form erhält der Benutzer/die Benutzerin zunächst einen Überblick zu den im Modell ausführlich behandelten Bausteinen.

Es folgen:

- Hinweise zu den Handlungsträgern
- Zusammenfassung des Inhalts und der Handlungsstruktur
- Vorüberlegungen zum Einsatz des Buches im Unterricht
- Hinweise zur Konzeption des Modells
- Ausführliche Darstellung der einzelnen Bausteine
- Zusatzmaterialien

Ein besonderes Merkmal der Unterrichtsmodelle ist die Praxisorientierung. Enthalten sind kopierfähige Arbeitsblätter, Vorschläge für Klassen- und Kursarbeiten, Tafelbilder, konkrete Arbeitsaufträge, Projektvorschläge. Handlungsorientierte Methoden sind in gleicher Weise berücksichtigt wie eher traditionelle Verfahren der Texterschließung und -bearbeitung.
Das Bausteinprinzip ermöglicht es dabei den Benutzern, Unterrichtsreihen in unterschiedlicher Weise und mit unterschiedlichen thematischen Akzentuierungen zu konzipieren: Auf diese Weise erleichtern die Modelle die Unterrichtsvorbereitung und tragen zu einer Entlastung der Benutzer bei.

Das vorliegende Modell bezieht sich auf folgende Textausgabe: Antoine de Saint-Exupéry: Der kleine Prinz. Düsseldorf: Karl Rauch Verlag 1998.

westermann GRUPPE

Druck A^6 / Jahr 2018
Alle Drucke der Serie A sind im Unterricht parallel verwendbar.

Umschlaggestaltung: Jennifer Kirchhof
Druck und Bindung: westermann druck GmbH, Braunschweig

ISBN 978-3-14-**022295**-2

„Man kennt nur die Dinge, die man zähmt", sagte der Fuchs. „Die Menschen haben keine Zeit mehr, irgendetwas kennen zu lernen. Sie kaufen sich alles fertig in den Geschäften. Aber da es keine Kaufläden für Freunde gibt, haben die Leute keine Freunde mehr. Wenn du einen Freund willst, so zähme mich!"
„Was muss ich da tun?", sagte der kleine Prinz.

Antoine de Saint-Exupéry, Der kleine Prinz. Titel der französischen Originalausgabe: Le petit prince. Editions Gallimard, Paris, 1946. Copyright by Karl Rauch Verlag KG Düsseldorf, 1956 und 1998.

Inhaltsangabe

„Der kleine Prinz" ist die Geschichte eines Jungen, der die Welt mit anderen Augen sieht. Auf diesen so genannten kleinen Prinzen trifft der Erzähler, als er als Pilot mit seinem Flugzeug eine Panne in der Wüste Sahara hat.

Eigentlicher Ort der Rahmenerzählung ist somit die karge Landschaft der Wüste. Der Erzähler und der kleine Prinz freunden sich an und der kleine Prinz erzählt nun viel von sich und seinen bisherigen Erfahrungen im Leben.

Im Verlauf der Erzählung erfährt der Leser nicht nur etwas über seine Herkunft und seine Lebensweise, sondern auch über seine Art die Welt zu sehen. Der kleine Prinz erzählt von bösartigen Affenbrotbäumen, seiner Liebe zu einer Rose, einer langen Reise zu anderen Planeten, wo er u. a. einen autoritären König, einen hochbeschäftigten Geschäftsmann, einen zerstreuten Wissenschaftler usw. trifft.

Die einzelnen Stationen dieser Reise sind als eine Folge von Parabeln zu verstehen, die Verhaltensweisen bestimmter negativer Menschentypen umreißen.

Die Erzählungen des kleinen Prinzen werden abgerundet durch seinen Aufenthalt auf der Erde. Dort macht er die Bekanntschaft mit einem Fuchs, durch den er einige Erkenntnisse über sein bisheriges Leben erhält. Durch den Biss einer Schlange kehrt der kleine Prinz zu seinem Planeten zurück; gleichzeitig verlässt auch der Erzähler, der mittlerweile sein Flugzeug repariert hat, die Wüste. Beide nehmen Erkenntnisse mit, die für ihr Leben von großer Bedeutung sind – und mit ihnen der Leser.

Hinter der naiven, kindlichen Denkweise des kleinen Prinzen verstecken sich bedeutende philosophische Wahrheiten. Ein zentrales Thema ist die Aufhebung der Einsamkeit in der Freundschaft, d. h. die Erkenntnis, dass man nur mit den Augen des Herzens gut sieht.

„Der kleine Prinz" ist eine Erzählung von überschaubarer Länge. Sie umfasst 27 Erzählabschnitte, die sich folgendermaßen gliedern lassen:

I:	Einführung des Erzählers: Jugendzeit und Berufswahl
II–III:	Begegnung des Erzählers mit dem kleinen Prinzen
IV–VIII:	Heimat und Lebensumstände des kleinen Prinzen
IX:	Reiseantritt des kleinen Prinzen
X–XV:	Reise des kleinen Prinzen durch den Weltraum; Besuch des 1. – 6. Planeten
XVI–XX:	Auf dem Planeten Erde
XXI:	Die Begegnung mit dem Fuchs
XXII–XXIII:	Begegnungen mit Erdbewohnern
XXIV–XXV:	Wüstenwanderung und Brunnensuche, gemeinsam mit dem Erzähler

XXVI: Abschied und Tod des kleinen Prinzen
XXVII: Nachwort des Erzählers

Folgende Übersicht zeigt die zeitliche Struktur der Erzählung:

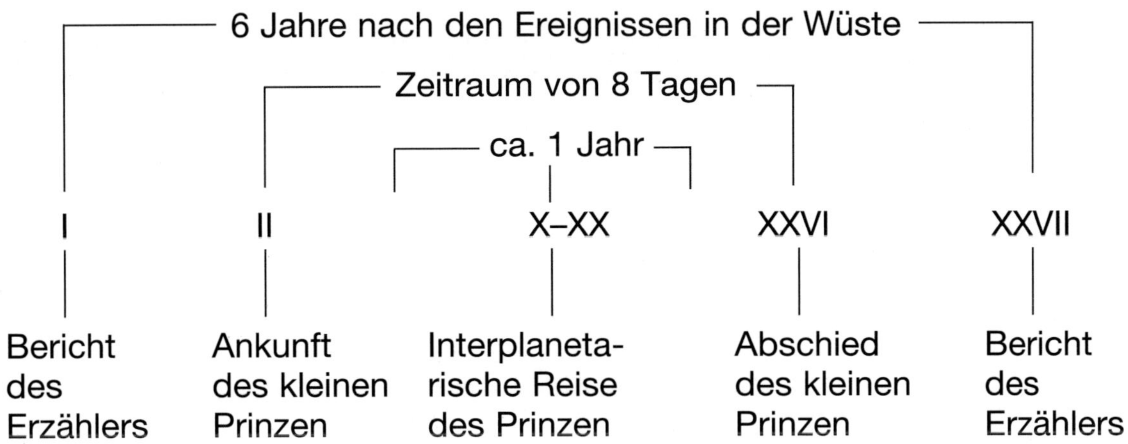

Diese Übersicht kann gegebenenfalls den Schülerinnen und Schülern in Kopie ausgehändigt werden, sodass diese eine bessere Vorstellung von der Gesamtstruktur des Buches erhalten.

Notizen:

Hauptfiguren

Der kleine Prinz: Er ist ein Junge von ca. 6 Jahren, wohnt auf einem eigenen Planeten mit drei Kratern, einigen Affenbrotbäumen und einer Rose. Er steht stellvertretend für die Sicht- und Denkweise der Kinder.

Der Erzähler: Er ist Pilot und hat eine Panne mit seinem Flugzeug in der Sahara. Während er sein Flugzeug repariert, erzählt ihm der kleine Prinz die Geschichte seines Lebens.
Der Erzähler repräsentiert die Erwachsenenwelt; jedoch findet eine Annäherung an den kleinen Prinzen im Hinblick auf seine Art zu denken und zu sehen statt.

Die Rose: Sie ist die „Mitbewohnerin“ des kleinen Prinzen, der sich um sie kümmert; jedoch ist sie sehr stolz und eitel, wodurch sie den kleinen Prinzen verletzt. Das bewegt ihn schließlich dazu, sich von ihr und somit seinem Planeten zu verabschieden.
Die Rose versinnbildlicht in der Erzählung das Weibliche und die Liebe.

Der König: Er, wie die folgenden fünf Figuren, repräsentiert die Welt der Erwachsenen mit ihren typisierten menschlichen Schwächen.
Als absoluter Monarch spielt er seine Autorität und seine Macht aus, sodass alles nur auf seinen Befehl hin geschehen darf.

Der Eitle: Dieser Mensch lebt dafür, bewundert zu werden. Er ist gekennzeichnet durch extreme Eitelkeit, Selbstgefälligkeit und Dünkelhaftigkeit.

Der Säufer: Der Säufer ist ein hoffnungsloser Mensch: Er trinkt um zu vergessen, dass er sich des Trinkens wegen schämt, und weil er sich schämt, trinkt er.

Der Geschäftsmann: Er ist besessen von Zahlen: Fortwährend addiert er alle Sterne und glaubt sie dadurch zu besitzen. Er will reich sein um des Reichtums und der Macht willen, begreift aber nicht die Nutzlosigkeit seines Unterfangens.

Der Laternenanzünder:	Dieser geplagte Mensch hat die Aufgabe bekommen, jede Minute eine Straßenlaterne anzuzünden und wieder auszulöschen. Er tut weisungsgemäß seine Pflicht ohne über sich oder den Sinn seines Tuns nachzudenken.
Der Geograf:	Er ist ein Gelehrter, der Städte, Ströme, Meere etc. kartografiert, abhängig von den Erkundigungen, die seine Forscher für ihn gemacht haben. Dabei geht er blauäugig und unwissenschaftlich vor.
Der Fuchs:	Die Figur des Fuchses hat eine zentrale Bedeutung, denn er bringt den kleinen Prinzen zu der Erkenntnis, wie man Freunde gewinnt und was das wichtigste Geheimnis des Lebens ist.
Die Schlange:	Die Schlange ist als Symbol des Todes zu verstehen; sie erscheint gefährlich und ist schließlich für den Tod und die Heimkehr des kleinen Prinzen verantwortlich.

Vorüberlegungen zum Einsatz des Buches im Unterricht

Die Erzählung „Der kleine Prinz“ von Saint-Exupéry ist mit Recht eines der meistgelesenen Bücher unseres Jahrhunderts. Es gibt nur wenige Bücher der Weltliteratur, deren Zauber und Weisheit es vermögen, gleichermaßen die Herzen der Kinder und Erwachsenen zu öffnen.
Das Buch ist zunächst einmal ein Märchen, das für Kinder konzipiert ist. Jenseits der Märchenhülle muss es aber auch als ein symbolisches Werk verstanden und enträtselt werden.
Aus der Naivität und der Struktur eines kindlichen Denkvermögens heraus geschrieben ist es gerade deshalb ein Buch, das für Kinder leicht zugänglich ist.
Wenn man auf dieser kindlichen Ebene bleiben will, bietet es sich an, dieses Buch in der 5. oder 6. Klasse zu lesen, und dafür ist dieses Unterrichtsmodell konzipiert. Natürlich handelt es sich hier nicht um ein reines Kinder- bzw. Jugendbuch, d. h., es kann genauso gut in der Oberstufe thematisiert werden; jedoch müssten dann andere Schwerpunkte gesetzt werden, da die Herangehensweisen grundverschieden sind.
Was den Leseprozess anbetrifft, so ist zu empfehlen das Werk unterrichtsbegleitend zu lesen. Schülerinnen und Schüler der Klassen 5/6 sind im Lesen und Verstehen von Ganzschriften häufig noch nicht sehr geübt, sodass dem Lesen, d. h. der Textaufnahme im Unterricht, genügend Raum gegeben werden sollte.
Falls man sich jedoch dafür entscheidet, das Buch vorab in häuslicher Lektüre lesen zu lassen, besteht die Möglichkeit zusätzlich ein Lesetagebuch zu führen. Hier sollen die Schülerinnen und Schüler in eine Art Notiz- oder Tagebuch ihre spontanen Gedanken und Gefühle zu bestimmten Aspekten des Textes notieren können; d. h., es soll darin notiert werden, was den Schülern unklar, auffällig oder besonders wichtig ist. Dieses Lesetagebuch kann alternativ unterrichtsbegleitend oder bei leseerfahrenen Gruppen nach der häuslichen Lektüre besprochen werden. Durch das Lesetagebuch soll das Problem der unterschiedlichen Texterfassungsgabe und der individuell ausgeprägten Interessenlage berücksichtigt werden.
Das Buch „Der kleine Prinz“ ist in unterschiedlichen Ausgaben erhältlich. Für den Unterricht geeignet erscheint jedoch die aktuellste Taschenbuchausgabe des Rauch-Verlages, erschienen im Frühjahr 1998, auf die sich auch die Zitate und Seitenverweise dieses Unterrichtsmodells beziehen. Diese Ausgabe unterscheidet sich von der des im Vorjahr im gleichen Verlag erschienenen in folgender Hinsicht: Das Format ist kleiner, die meisten Zeichnungen sind vierfarbig und dem Werk ist ein kurzer ausformulierter Lebenslauf des Autors vorangestellt.
Didaktische Materialien für den Lehrer oder die Lehrerin liegen zum „kleinen Prinzen“ nur in sehr beschränktem Maße vor. Unterrichtspraktische

Anregungen für die Behandlung des Buches im Fach Deutsch der Unterstufe sind gänzlich zu vermissen.
Lediglich für die Oberstufe gibt es Interpretationen und unterrichtspraktische Vorschläge, so z. B. von Edgar Neis, erschienen im Beyer Verlag in der Reihe „Analysen und Reflexionen", Band 56, 1985. Außerdem gibt es zwei didaktisch orientierte Publikationen, die sich auf die Behandlung des Werks im Fach Französisch der Oberstufe konzentrieren und sich somit auch auf die französische Werkausgabe beziehen. Dies ist zum einen: Michèle Jeske, Analyse modèle, Klett Verlag, 1984, und zum anderen: Ekkehard Blattmann u. a., „Antoine de Saint-Exupérys ‚Le petit prince' oder die Verwandlung der Welt zum Symbol", Lothar Stiehm Verlag, 1978.
Weitere Interpretationen zu dem Werk, die jedoch nicht didaktisch aufbereitet sind, liegen im C. Bange Verlag vor: Königs Erläuterungen und Materialien, Band 378, erschienen 1997.
Eine tiefenpsychologische Deutung zum „kleinen Prinzen" gibt es von Eugen Drewermann: Das Eigentliche ist unsichtbar. Der kleine Prinz tiefenpsychologisch gedeutet, erschienen im Herder Spektrum Verlag, 1984.
Einen psychotherapeutischen Ansatz verfolgt der Arzt Eckhard Schiffer mit seinem Buch: Der kleine Prinz in Las Vegas. Spielerische Intelligenz gegen Krankheit und Resignation, Beltz Quadriga, 1997.
Die oben genannte Sekundärliteratur ist eher als Begleitlektüre oder Zusatzmaterial für die Lehrperson gedacht und nur sehr bedingt für den Einsatz im Unterricht geeignet.
Dagegen können die Vertonungen des Werkes gut im Unterricht eingesetzt werden: Im Verlag Deutsche Grammophon Junior wurden eine CD und eine Kassette veröffentlicht; beide gesprochen von Will Quadflieg.
Bei Philips Kinder Classics ist ein sehr gutes Hörspiel, u. a. gesprochen von Hardy Krüger in der Rolle des Erzählers, erhältlich.
Eine Verfilmung des Werkes liegt bislang lediglich in französischer Sprache vor.

Möglichkeiten zum fächerübergreifenden Arbeiten lassen sich zum einen mit dem Fach Religion herstellen, da es in dem Text um philosophische Fragen geht, die im Fach Religion weiter vertieft werden könnten. Zum anderen ließe sich ein Projekt vorstellen mit dem Fach Kunst oder einer eventuellen Theater-AG. Konkretere Vorschläge hierzu sind den einzelnen Bausteinen zu entnehmen.

Mögliche Themen für Klassenarbeiten könnten u. a. sein:

1. Ein Reporter, der sich zufällig in der Wüste Sahara befindet, schreibt einen Bericht über das Zusammentreffen des kleinen Prinzen und des Piloten. Verfasse diesen Bericht, indem du beschreibst, wie die beiden miteinander geredet und wie sie sich verhalten haben.
2. Beschreibe den kleinen Prinzen aus der Sicht der Rose.
   Wie charakterisiert die Rose ihn und welche Empfindungen hat sie für ihn?

3. Erfinde ein Gespräch zwischen der Rose und dem kleinen Prinzen, nachdem dieser auf seinen Planeten zurückgekehrt ist. Das Gespräch sollte verdeutlichen, was beide in der Zwischenzeit gelernt haben.

4. Schreibe einen Brief, in dem du einem Freund oder einer Freundin von dem Buch „Der kleine Prinz“ berichtest. Informiere den Briefpartner vor allem darüber, welche Eigenschaften der kleine Prinz hat und wie die großen Leute dargestellt werden. Überlege dir auch eine sinnvolle Einleitung für deinen Brief.

Notizen:

Konzeption des Unterrichtsmodells

Die Erzählung „Der kleine Prinz“ ist das bekannteste Buch des französischen Autors Antoine de Saint-Exupéry und zudem eines der größten Bucherfolge der Nachkriegszeit. Es handelt sich hierbei nicht ausdrücklich um ein Kinder- bzw. Jugendbuch.
Jedoch liegt, neben der relativ einfachen Schreibweise, der Reiz des Buches für Schülerinnen und Schüler gerade darin, dass (allerdings aus der Sicht eines Erwachsenen) eine kindliche Perspektive entfaltet wird, die durch Fantasie und Tiefgang gekennzeichnet ist.

Die Absicht des Autors ist es, die Sprache und Sichtweise der Kinder wiederzugeben, die mit dem Herzen das Innere der Dinge erfassen, ohne sich von der äußeren Erscheinung beirren zu lassen.

Ein zentrales Thema des Buches ist die Aufhebung der Einsamkeit in der Freundschaft. Mit seiner Erzählung setzt der Autor dem zerstörerischen, hasserfüllten, gemeinen Wesen seiner Zeit das Prinzip der Einfalt des Herzens gegenüber: „Man sieht nur mit dem Herzen gut.“

Das vorliegende Unterrichtsmodell legt den thematischen Schwerpunkt auf die unterschiedlichen Sicht- und Denkweisen der „großen Leute“ und der Kinder.

Baustein 1 befasst sich im Wesentlichen mit dem Kapitel I des Buches. Die intensive Beschäftigung mit diesem Erzählabschnitt ist dadurch zu legitimieren, dass er als Exposition die Hauptthematik der gesamten Erzählung entfaltet. Durch die Perspektive des Erzählers wird bereits auf den ersten Seiten der Gegensatz zwischen der Welt der Erwachsenen und der Kinder offenbart.

In **Baustein 2** steht die eigentliche Hauptfigur des Buches, der kleine Prinz, im Mittelpunkt des Interesses. Neben dem ersten Zusammentreffen des Erzählers und des kleinen Prinzen sollen das Auftreten, die Lebensweise und das Zuhause des Jungen näher beleuchtet werden.
Die Behandlung dieses Themenschwerpunktes bezieht sich vor allem auf die Kapitel II – VI.

Um eine weitere wichtige Figur geht es in **Baustein 3:** die Rose. Die Rose, die das Wesen der Weiblichkeit und der Liebe symbolisiert, soll zunächst charakterisiert und anschließend in Beziehung zum kleinen Prinzen gesetzt werden. Hierzu werden die Kapitel VII–IX, aber auch XX–XXI behandelt.

Baustein 4, der die Reise des kleinen Prinzen zu anderen Planeten zum Thema hat, macht die Lerngruppe auf negative menschliche Eigenschaften aufmerksam. St.-Exupéry umreißt bestimmte menschliche Stereotype, um parabelhaft negative Eigenschaften der Erwachsenen herauszustellen. Diese Werte bzw. Mängel gilt es herauszuarbeiten und sich derer auch durch handlungsorientierte Arbeitsweisen bewusst zu werden. Hier stehen die Kapitel X – XV im Mittelpunkt der Erarbeitung.

Baustein 5 befasst sich mit den Erfahrungen des kleinen Prinzen auf der Erde. Deren Thematisierung hat unter anderem zum Ziel, dass sich die Schülerinnen und Schüler mit den Aspekten der Freundschaft, d. h. dem Finden von Freunden und dem Gefühl der Einsamkeit, befassen. Außerdem werden die Begriffe Vertrauen und Verantwortung näher besprochen. Durch methodisch aktiven Einbezug der Lerngruppe lernen die Schülerinnen und Schüler ihren eigenen Charakter, ihre Verhaltensweisen und die der anderen zu reflektieren.

Baustein 6 ist als eine Art Resümee und Fazit der Thematik der gesamten Unterrichtsreihe zu verstehen. Die bis dato herausgestellten Unterschiede der Sicht- und Denkweisen der Erwachsenen und der Kinder erfahren hier eine Annäherung. In Kapitel XXIV und XXV wird die Hauptaussage des Autors abschließend verdeutlicht: Das innere Leben hat die Kraft, äußere Vergänglichkeiten zu überwinden.

Bei den oben genannten Bausteinen handelt es sich um Vorschläge, die umgestellt, gekürzt oder erweitert werden können. Bei den z. T. sehr abstrakten Themen des Buches ist es wichtig, die Schülerinnen und Schüler immer wieder mit ihren eigenen Lebenswirklichkeiten, d. h. ihren Fragen, Assoziationen und Erkenntnissen, in den Text mit einzubeziehen, um ihnen so die angesprochenen Themen näher zu bringen.

So enthält dieses Unterrichtsmodell oft auch mehrere alternative Vorschläge für die Vorgehensweise, um die Kommunikation zwischen Autor (Buch) und Leser möglichst offen und flexibel zu gestalten. Gleichzeitig sollte der große interpretatorische Freiraum der Erzählung genutzt werden; eine Engführung auf diesem Gebiet verbietet sich von selbst.

Darin liegt auch zugleich die Chance für einen interessanten und perspektivenreichen Literaturunterricht, nämlich in der wechselseitigen Bereicherung durch das Ausschöpfen der so unterschiedlichen Erfahrungen und Zugehensweisen auf einen Text, wie sie die Schülerinnen und Schüler einer Lerngruppe nun einmal mitbringen.

Das dem vorliegenden Unterrichtsmodell beigefügte Zusatzmaterial 1 liefert eine Biografie des Schriftstellers und Fliegers Antoine de St.-Exupéry. Die wichtigsten Daten seines Lebens sind auf den ersten Seiten der aktuellen Werkausgabe abgedruckt. Diese Materialien können im Vorfeld oder im Anschluss an die Lektüre bearbeitet oder auch an besonders interessierte Schülerinnen oder Schüler als Referat vergeben werden (siehe hierzu auch Baustein 6).

Der Zusatztext 2 liefert interessante Aspekte zu dem Thema: Ist „Der kleine Prinz“ ein Märchen? Dieses Zusatzmaterial bietet sich dann zur Behandlung im Unterricht an, wenn im Vorfeld oder im Anschluss dieser Unterrichtsreihe das Thema Märchen behandelt wurde bzw. wird (siehe Baustein 2).

Notizen:

Die thematischen Bausteine des Unterrichtsmodells

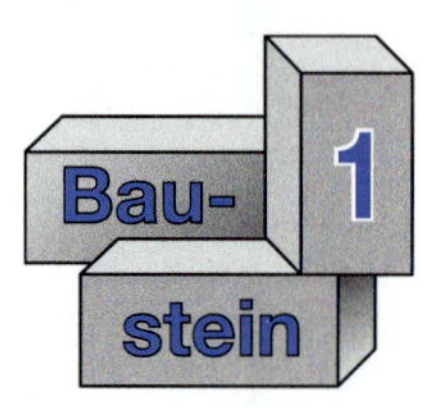

Erste Begegnung mit dem Buch

1.1 ❒ Hinführung zur Lektüre

Es empfiehlt sich, der Lektüre des Buches eine so genannte *„pre-reading-Phase“* voranzustellen, in der die Lerngruppe dazu angeleitet werden soll, im Vorfeld eigene Gedanken, Erwartungen oder eventuelles Vorwissen zu dem Buch zu formulieren.
Mit dem Ziel, die Aufmerksamkeit der Schülerinnen und Schüler auf den zu lesenden Text zu lenken und die notwendige Motivation für diesen zu schaffen, bieten sich folgende Verfahren an:

Die Lehrerin oder der Lehrer kann das Titelbild als Farbkopie oder Folie präsentieren und die Lerngruppe bitten, dazu eine Geschichte oder Hypothesen zum Inhalt des Buches zu erfinden oder aufzustellen.

Bei Bedarf können hier auch gezielte Fragen zur Auswahl gestellt werden, wie z. B.:

- ❒ Wer könnte der kleine Prinz sein?
- ❒ Was macht der kleine Prinz wohl den ganzen Tag auf seinem Planeten?
- ❒ Was könnte der kleine Prinz erleben? Was könnte passieren?

Eine Äußerung des Autors Saint-Exupéry kann die Schülerinnen und Schüler zu einer Diskussion anleiten. Hier bietet sich ein Satz aus der Widmung an, die dem eigentlichen Text vorangestellt ist:

> *„Alle großen Leute sind einmal Kinder gewesen (aber wenige erinnern sich daran)“.*

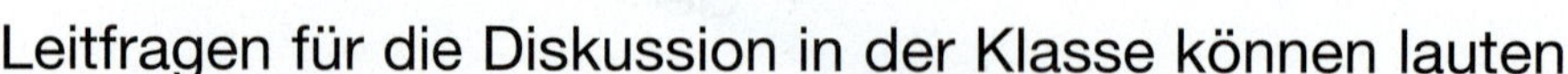

Leitfragen für die Diskussion in der Klasse können lauten:

- ❒ Wie versteht ihr diesen Satz?
- ❒ Was machen Kinder, was Erwachsene nicht mehr verstehen? Überlegt euch Beispiele aus eurem Leben.
- ❒ Was stört euch an den Erwachsenen manchmal?

Schlüsselwörter aus dem Text können zudem von dem Lehrer oder der Lehrerin an die Tafel geschrieben werden, zu denen in Einzelarbeit schriftlich ein Brainstorming durchgeführt wird. Vorzuschlagen sind hier Begriffe wie:
Kindheit, Erwachsene, Freundschaft, Einsamkeit, Fantasie o. Ä.

Bei diesen schüleraktivierenden Methoden ist es allerdings sehr wichtig, möglichst viele Schülerinnen und Schüler in das Unterrichtsgeschehen einzubeziehen. Um die Motivation für jeden Einzelnen aufrecht zu erhalten, ist davon abzuraten, eine Wertung der Schülerbeiträge vorzunehmen.

Nach dieser Einstiegsstunde bieten sich zwei alternative Vorgehensweisen der Textaufnahme an:
Zum einen kann so vorgegangen werden, dass der Text nach und nach (zu jeweils der nächsten Deutschstunde) in häuslicher Lektüre vorbereitet oder z. T. zu Beginn der jeweiligen Unterrichtsstunde gemeinsam gelesen wird.
Zum anderen können nach dieser Einstiegsstunde der Lerngruppe 1–2 Wochen Zeit gegeben werden, in der die Schülerinnen und Schüler den Text komplett zu Hause lesen.

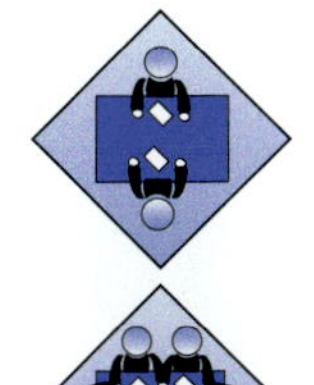

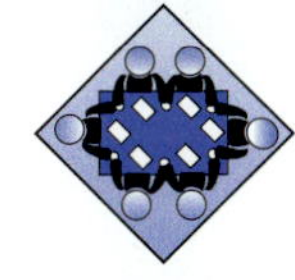

Anschließend erscheint es sinnvoll, den Schülerinnen und Schülern den Arbeitsauftrag zu geben, in Partner- oder Gruppenarbeit das Figureninventar aufzulisten, und sie zu bitten, mit Hilfe von Linien, Pfeilen und geometrischen Figuren ein einfaches Schaubild zu entwickeln, welches die Beziehung der Figuren zueinander verdeutlicht.

Dieses Schaubild könnte folgendermaßen gestaltet sein:

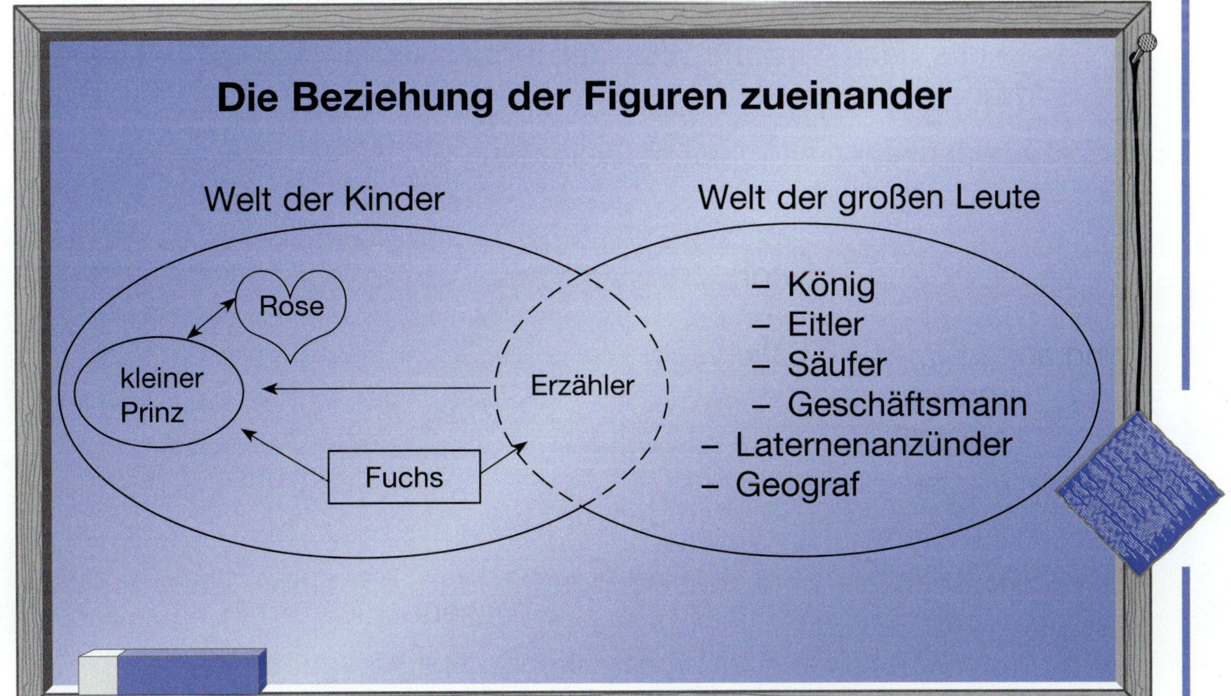

Zur weiteren Inhaltssicherung erstellen die Schülerinnen und Schüler dann ihr eigenes Inhaltsverzeichnis, d. h. sie finden z. B. für jeden Erzählabschnitt eine passende Überschrift, was ihnen das Arbeiten mit dem Buch erleichtern wird.
Dies kann auch in Form einer Wandzeitung geschehen, die im Klassenraum aufgehängt und im Verlauf der Unterrichtsreihe von der Lerngruppe durch weitere Aspekte und Zeichnungen ergänzt werden kann.

An die oben genannten Alternativen schließt sich nun die Behandlung des ersten Kapitels der Erzählung an.

1.2 ❐ Das 1. Kapitel als Exposition

Das erste Kapitel hat die Funktion einer Exposition, weil der Erzähler sich dem Leser vorstellt und er bereits hier das zentrale Thema, das sich durch das ganze Buch hindurchzieht, anspricht: Der Gegensatz zwischen der Sicht- und Denkweise der Erwachsenen und der Kinder.
Der Erzähler, der durch die gewählte Ich-Form gleichzeitig zu einer handelnden Figur der Erzählung wird, berichtet über seine eigene Kindheit, seine Berufswahl und sein Verhältnis als Kind zur Welt der Erwachsenen. Darin lässt er allgemeine Bemerkungen über Kindesart, das Wesen der Erwachsenen und das Verständnis untereinander einfließen.

Er charakterisiert die „großen Leute“ (dieser Begriff wird nicht weniger als fünfmal auf den ersten zwei Seiten verwendet) als Menschen mit fehlender Fantasie und mangelnder Vorstellungskraft: „Die großen Leute verstehen nie etwas von selbst und für die Kinder ist es zu anstrengend, ihnen immer und immer wieder erklären zu müssen“ (S. 10).
Die Erwachsenen sind somit nicht fähig, in das Innere der Dinge einzudringen, sie beschränken sich in ihrer Sicht auf das Äußere und Reale.

Im Gegensatz dazu wird die Welt der Kinder als fantasievoll, ideenreich und tiefgründig dargestellt.

Für die Erwachsenen ist folgende Zeichnung ein Hut:

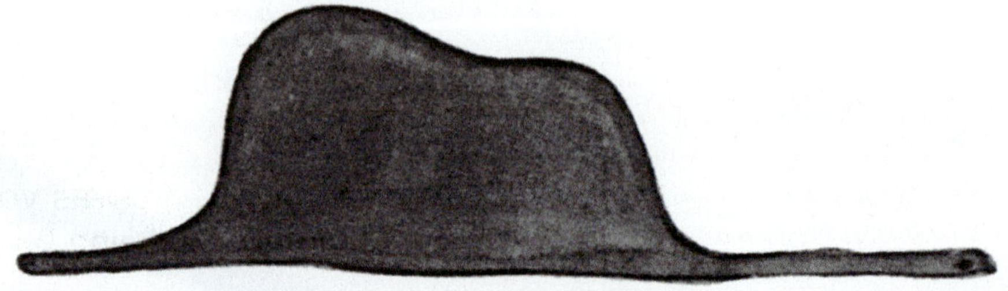

Für Kinder stellt sie eine Riesenschlange dar, die einen Elefanten verschlungen hat.
Dieses erste Kapitel kann als vorbereitende Hausaufgabe oder zu Beginn der Stunde gemeinsam im Unterricht gelesen werden. Falls die Lerngrup-

pe bereits das ganze Buch im Vorfeld gelesen hat, sollten hier zunächst die im Lesetagebuch notierten spontanen Gedanken der Schülerinnen und Schüler kurz thematisiert werden.

Nach dieser ersten Spontanphase erhält die Lerngruppe den Auftrag:

Unterstreicht (mit zwei unterschiedlichen Farben) alles, was ihr über die „großen Leute“ und was ihr über die Kinder erfahrt.

Dieser Arbeitsauftrag dient dazu, den Schülerinnen und Schülern durch genaue Texterarbeitung das zentrale Thema des Buches näher zu bringen. Um die Textanalyse zu konkretisieren, können hier auch Leitfragen gestellt werden, wie z. B.:

- *Wofür interessieren sich die „großen Leute“ und wofür die Kinder?*
- *Welche unterschiedlichen Eigenschaften haben die Kinder und die Erwachsenen?*

Für die Auswertung bietet sich folgendes Tafelbild an:

Die Kinder und die „großen Leute“ (Kapitel I)

die Kinder		die großen Leute
Interessen: – Abenteuer – Tiere, Dschungel – Zeichnungen	G E G E N S A T Z	– Bridge – Golf – Politik – Krawatten – Grammatik – Geografie, Geschichte
Eigenschaften: – haben Fantasie: malen Tiere versteckt in anderen – können sich schnell für Dinge begeistern – sind ideenreich		– verstehen nie etwas von selbst; haben keine Fantasie – verstehen die Zeichnungen der Kinder nicht – brauchen immer Erklärungen

Anschließend an diese Auswertung kann die vertiefende Frage zur Diskussion gestellt werden:

❐ *Auf welcher Seite steht der Erzähler?*

Das Unvermögen der großen Leute, die Welt verzaubert und durchwebt von Geheimnissen und Wundern zu sehen, führt den Erzähler zu herber Klage und Kritik an der Seinsweise der meisten Erwachsenen, die sich vom Fantastischen und Märchenhaften abgewandt und zu materiell bedingten Wesen entwickelt haben. Die Hinwendung zum so genannten „vernünftigen" (S. 11) Leben bedeutet für den Erzähler dieser Geschichte die Abkehr vom intuitiven, künstlerischen Leben hin zu sekundären, von Menschen fabrizierten Pseudowerten. Somit stellt er sich in ironischer Distanz zur Erwachsenenwelt auf die Seite der Kinder.

Um die Schüler auf emotionale und kreative Weise an die Thematik der Opposition von Kinder- und Erwachsenenwelt heranzuführen, bekommen sie in Anlehnung an die Zeichnung auf Seite 10 folgende Aufgabe:

❐ *Malt selbst einen Gegenstand oder ein Lebewesen, in dem sich etwas anderes verbirgt; lasst eure Fantasie spielen! Euer Partner soll überlegen, was es sein kann!*

Dieser Malauftrag kann selbstverständlich auch vor die Analysephase gestellt werden.

Die Schülerarbeiten können auch dazu genutzt werden, sie zu Hause den Eltern zu zeigen und in der nächsten Stunde über deren Reaktion zu berichten, um so den Begriff der Fantasie greifbarer zu machen.

Notizen:

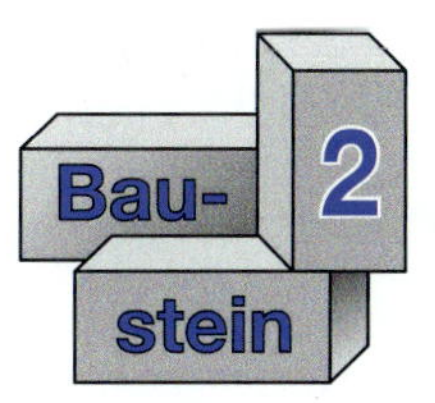

Der kleine Prinz

In diesem 2. Baustein steht die eigentliche Hauptfigur des Buches, der kleine Prinz und sein Zuhause, im Mittelpunkt des Interesses.
Der Erzähler macht aufgrund einer Flugzeugpanne eine Notlandung in der Wüste Sahara. Dort sieht er „ein kleines, höchst ungewöhnliches Männchen" (S. 12), das sich so märchenhaft verhält, dass der Erzähler ihm den Namen „Der kleine Prinz" gibt (S. 15).
Der kleine Prinz bittet den Piloten um die Zeichnung eines Schafes. Nach einigen misslungenen Versuchen zeichnet der Erzähler eine Kiste, in der das gewünschte Schaf angeblich eingeschlossen ist. Dieses Schaf akzeptiert der kleine Prinz kraft seiner Fantasie, die das reale Wissen der Erwachsenen ad absurdum führt.
Außerdem erfährt der Leser etwas über das Zuhause des kleinen Prinzen, d. h., wo er herkommt, was es auf seinem Planeten alles gibt und wem er seine Zuneigung schenkt.

2.1 ❒ Das erste Zusammentreffen mit dem Piloten

Das erste Auftreten und die Figur des kleinen Prinzen werden in Kapitel II entfaltet und bilden den Grundstein für den weiteren Erzählverlauf.
Diese Aspekte sollten den Schülerinnen und Schülern in besonderer Weise veranschaulicht werden, um das Magische bzw. Wundersame der ungewöhnlichen Person zu verdeutlichen.

Vorgeschlagen wird deshalb, nach der gemeinsamen Lektüre des Kapitels und einer spontanen Stellungnahme der Lerngruppe zu diesem „höchst ungewöhnlichen Männchen" die Szene des Zusammentreffens zwischen der Hauptfigur und dem Erzähler als szenisches Spiel darzustellen.

Hierzu werden folgende Arbeitsaufträge formuliert:

❒ 1. *Unterstreicht in zwei unterschiedlichen Farben die Sprechpassagen des kleinen Prinzen und des Piloten!*

❒ 2. *Markiert ebenso im Text die Bemerkungen, die das Verhalten, d. h. die Gestik und Mimik der Figuren, betreffen!*
(Schritt 1 und 2 können auch als vorbereitende Hausaufgabe aufgegeben werden.)

❒ 3. *Schreibt (zu dritt oder viert) ein Regiebuch für die Szene des ersten Treffens vom kleinen Prinzen und dem Piloten! Natürlich könnt ihr auch den Text und die Handlungen etwas verändern.*
Übernehmt dazu folgende Tabelle in euer Heft:

Das 1. Treffen des kleinen Prinzen und des Piloten

Rolle	**Text**	**Spiel- und Sprechanweisung (Regie)**
Pilot:	....	– liegt schlafend im Sand
kleiner Prinz:	Bitte ... zeichne mir ein Schaf.	– spricht sanft und etwas flehend
Pilot:	Wie bitte?	– springt auf, ...
...		

Die Schülerinnen und Schüler werden gebeten, die Sprechpassagen aus dem Buch in Form einer Tabelle in ihr Heft zu übertragen und sich darüber hinaus Regieanweisungen zu notieren, die Auskunft geben, *wie* die beiden Figuren sich bewegen und *wie* sie etwas sagen.

Die Gruppen sollten nach Fertigstellung des Drehbuches folgende Arbeitsteilung untereinander festlegen:

Während zwei Schülerinnen oder Schüler jeweils die Rolle des kleinen Prinzen oder des Piloten übernehmen, sollen weitere sich einigen, wie die beiden Figuren sich bewegen, wie sie zueinander stehen etc. und auch welche Requisiten benötigt werden. Bei den Proben greifen die „Regisseure“ ein und nehmen Einfluss auf die Darstellungsweise.

Da es sich hierbei um ein szenisches Interpretieren und nicht um ein Spiel um des Spielens willen handelt, müssen sich die Gruppen darüber verständigen, welche konkreten Merkmale der beiden Figuren durch die Inszenierung hervorgehoben werden sollen. Diese Merkmale können auch an der Tafel festgehalten werden.

	Merkmale der Figuren
Der kleine Prinz:	Offenheit, Selbstbewusstsein, Hartnäckigkeit, Aufmerksamkeit
Der Pilot:	Einbildungskraft, Verständnis, Freundlichkeit, Ungeduld...

Für die Aufführung dieser Szene bieten sich drei alternative Vorgehensweisen an:
- Entweder die Schülerinnen und Schüler spielen mit dem Blatt in der Hand
- oder sie bekommen als Hausaufgabe auf, die (nicht allzu langen) Passagen der jeweiligen Rolle auswendig zu lernen
- oder zwei Schülerinnen/Schüler stellen ein oder mehrere Standbilder nach. Die Texte werden dann als „Flüstertexte" mit entsprechenden Betonungen hinter den beiden Schauspielern vorgetragen.

Aufgabe der „Zuschauer" in der Klasse ist es festzustellen, welche besonderen Merkmale der Figuren (siehe oben) „herausgespielt" werden, und eventuell zu diskutieren, ob sie der Darstellung im Text entsprechen.

Um den Schülern noch mehr das Gefühl einer kleinen Theateraufführung zu geben, kann das Ganze auch mit Videokamera aufgenommen und anschließend besprochen werden.

2.2 ❒ Das Zuhause des kleinen Prinzen – ein anderer Planet

Der Planet des kleinen Prinzen stellt in verdichteter Form ein Sinnbild des physischen und psychischen Zustandes des Menschen dar. In den Erzählabschnitten III–IX erfährt der Leser Näheres über diesen Planeten. Der Erzähler glaubt, dass der Planet, von dem das „kleine Kerlchen" stammt, der Asteroid B 612 ist; ein Planet, der nur ein einziges Mal von einem türkischen Astronom gesehen worden ist (vgl. S. 18f.).
Obwohl der Planet recht klein und „kaum größer als ein Haus" ist (S. 18), hat er Platz sowohl für riesige Affenbrotbäume als auch für eine Rose.

Außerdem erfahren wir – in Übereinstimmung mit Kapitel I – erneut etwas über die unterschiedliche Anschauungsweise von Erwachsenen und Kindern: „Die großen Leute haben eine Vorliebe für Zahlen" (S. 20) und „Kinder müssen mit großen Leuten viel Nachsicht haben" (S. 20).

In diesem Kapitel geht es allgemein um die Kennzeichnung des Planeten, im Speziellen um die Bedeutung der Affenbrotbäume und um die Sonnenuntergänge. Dem Symbol der Rose ist ein eigener Baustein gewidmet (Baustein 3).

Es bietet sich an, der Lerngruppe in Partnerarbeit folgenden Arbeitsauftrag zu geben:

❐ *Wo wohnt der kleine Prinz und was erfahren wir über sein Zuhause?*

Falls die Lerngruppe das Buch bereits im Vorfeld (und nicht unterrichtsbegleitend) gelesen hat, soll hier alles, was über den Planeten – vor allem in den Kapiteln III–IX – genannt wird, zusammengetragen werden.

Die Aspekte können in einem Tafelbild festgehalten werden:

Das Zuhause des kleinen Prinzen
– Kennzeichen des „anderen Planeten" –

- Er ist kaum größer als ein Haus (S. 18).
- Es ist wahrscheinlich der Asteroid B 612 (S. 18).
- Es gibt dort Affenbrotbäume (s. 22ff.).
- Es gibt bis zu 43 Sonnenuntergänge pro Tag (S. 27f.).
- Es gibt eine Rose, die der kleine Prinz sehr liebt (s. 31ff.).
- Es gibt zwei tätige und einen erloschenen Vulkan (S. 36).

Eine produktionsorientiertere Herangehensweise bietet die Aufgabe, die Lerngruppe selber einen Bericht und eine Zeichnung mit dem Titel „Mein Planet" anfertigen zu lassen. Folgender Auftrag führt dazu:

❐ *Beschreibe und zeichne deinen eigenen „Traumplaneten"!*

Bei dieser kreativen Aufgabe können sich die Schülerinnen und Schüler mit ihrer Fantasie und ihren eigenen Vorstellungen einbringen.

Als weitere Alternative bietet sich die Textstelle „Es war einmal ein kleiner Prinz, der wohnte auf einem Planeten, der kaum größer war als er selbst, und er brauchte einen Freund ...." (S. 21 oben) zum Weiterschreiben an. Die Lerngruppe wird gebeten, mit diesem Anfang ein Märchen zu verfassen. Da in der Regel das Thema Märchen in den Jahrgangsstufen 5 und 6 bereits behandelt wurde, kann auf bestimmte Merkmale dieser Gattung zurückgegriffen werden. Ein Zusatztext zur Frage „Ist ‚Der kleine Prinz' ein Märchen?" befindet sich im Anhang.

2.3 ❐ Die Affenbrotbäume

Eine besondere Rolle auf dem Planeten des kleinen Prinzen spielen die Affenbrotbäume, über die wir vor allem in Erzählabschnitt V etwas erfahren. Auf seinem Planeten gibt es gute und schlechte Gewächse. Die schlechten Gewächse sind die Affenbrotbäume, deren Samen den ganzen Boden verseuchen und die man, solange sie klein sind, nicht von den guten Gewächsen unterscheiden kann. Um diese Gefahr den Kindern – für die er ja sein Buch schreibt – zu verdeutlichen, fügt der Autor seinem Bericht eine Zeichnung bei (S. 25), welche die Gefährlichkeit der Affenbrotbäume darstellt und zeigt, wie sie einen Asteroiden sprengen können.

Die Affenbrotbäume stellen die im Menschen eingewurzelten bösen Kräfte dar, welche die geistige und körperliche Existenz zu zerstören vermögen. Sie sind somit als Symbol des Bösen und als eine gigantische irdische Bedrohung zu verstehen.

Es scheint zunächst sinnvoll die Schülerinnen und Schüler alles das aus dem Text herausschreiben zu lassen, was sie über die Affenbrotbäume erfahren. Dies könnte in einem Tafelbild festgehalten werden.

Die Affenbrotbäume

- Es sind kirchturmhohe Bäume.
- Sie haben fürchterliche Samen.
- Einen A. kann man, wenn man ihn zu spät bemerkt, nie mehr loswerden.
- Sie zerstören den ganzen Planeten, indem sie ihn sprengen.
- Man muss die Sprösslinge der A. herausreißen, sobald man sie von anderen unterscheiden kann.

↓

Sie stellen eine Bedrohung dar.

Darüber hinaus können sich die Schülerinnen und Schüler bei ihrem Biologielehrer oder in einem Lexikon darüber informieren, ob und wo es Affenbrotbäume überhaupt gibt und was das Besondere an ihnen ist.

Die Zeichnung von St.-Exupéry bietet sich zudem dazu an, eine Bildbeschreibung anfertigen zu lassen.

❐ *Beschreibe das Bild auf Seite 25! Was ist das Besondere an den Affenbrotbäumen?*

Falls die Bildbeschreibung als Textart noch nicht thematisiert worden ist, kann es hier zu einem ersten Einstieg kommen.

Je nach Leistungsstand der Klasse eignet sich die angesprochene Thematik des Kapitels dazu, die gemachten Aussagen über gute und schlechte Gewächse (und deren anfängliche Ähnlichkeit) auf Menschen zu übertragen. Hier ließe sich über gute und schlechte Eigenschaften des Menschen reden, auch über Krankheiten und Umweltzerstörungen. Selbstverständlich werden diese Deutungskategorien nicht vorgegeben, um den Vorstellungsspielraum der Lernenden nicht einzuengen.

2.4 ❐ Die Sonnenuntergänge

Schließlich bietet der Planet des kleinen Prinzen noch das Erlebnis zahlreicher Sonnenuntergänge. Erzählabschnitt VI ist einer der rührendsten und zartesten Passagen der Erzählung.
Ganz dem Bereich des Ästhetischen, dem Kunst- und Naturerlebnis der Sonnenuntergänge hingegeben, erlebt der kleine Prinz in seinem kleinen Stühlchen das grandiose Schauspiel, das ein Gefühl der Melancholie aufkommen lässt. „Du weißt doch, wenn man recht traurig ist, liebt man die Sonnenuntergänge ...“ (S. 28).

Die Sonnenuntergänge stellen neben den schädlichen Stürmen Kräfte dar, die das existentielle Wesen des Menschen oft bestimmen: die Sonnenuntergänge als die seelischen Beglückungen und die Winde als entgegenwirkende Widrigkeiten.

Nach dem Lesen und den spontanen Äußerungen der Lerngruppe kann den Schülerinnen und Schülern folgender Malauftrag gegeben werden:

❐ *Malt selbst einen Sonnenuntergang!*

Die Bilder können alle an die Tafel oder eine Wand des Klassenraumes geheftet und die Schülerinnen und Schüler gebeten werden, kurz ihre eigenen Empfindungen auszudrücken, die sie beim Betrachten eines Sonnenuntergangs haben.

Alternativ können auch Gedankengedichte erstellt werden. Das heißt, jeder Schüler und jede Schülerin vertieft sich in ein Bild (sei es ein selbst gemaltes oder ein mitgebrachtes Foto aus einem Urlaub) und schreibt kurz seine/ihre Assoziationen auf. Wer möchte, kann auch Wörter zu Reimpaaren zusammenstellen und daraus ein Gedicht zum Thema „Sonnenuntergang“ verfassen.

Eine etwas einfachere Möglichkeit ist es, zu dem Wort Sonnenuntergang ein Akrostichon zu erstellen. Dazu werden die Buchstaben untereinander geschrieben und zum Thema passende Wörter oder Sätze daneben geschrieben. Ergänzt wird das Ganze durch eine Illustration.

Der Anfang eines Akrostichons sei hier beispielhaft angeführt:

S chön
O ftmals etwas traurig
N aturschauspiel
N ...
E ...
N ...
U ...
N ...
T ...
E ...
R ...
G ...
A ...
N ...
G ...

Die genannten methodischen Möglichkeiten können selbstverständlich auch kombiniert oder den Schülerinnen und Schülern als Alternativvorschläge zur Auswahl angeboten werden.

Notizen:

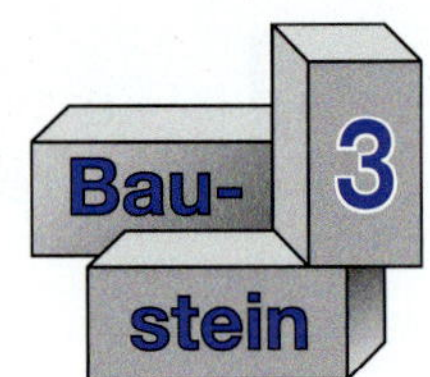

Die Rose

Das Wichtigste im Leben des kleinen Prinzen ist eine Rose. Mit ihr, d. h. mit dem Charakter der Rose, ihrer Beziehung zum kleinen Prinzen und deren Auswirkungen, beschäftigt sich u.a. dieser Baustein.

In der Form eines Samenkorns ist die Blume hergeweht worden, wächst heran, entfaltet sich und blüht. Der kleine Prinz versucht ihre Zartheit zu behüten und zu schützen. Sie ist von außerordentlicher Schönheit und bedarf sorgfältiger Pflege.
Der kleine Prinz verliebt sich in sie, wird aber von ihrer Launenhaftigkeit, ihrem Stolz und ihrer Empfindlichkeit abgestoßen und muss lernen, dass Liebe nicht nur in der Gewährung zu finden ist, sondern sich selbst genügen muss. „So hatte der kleine Prinz trotz seiner aufrichtigen Liebe rasch an ihr zu zweifeln begonnen, ihre belanglosen Worte bitter ernst genommen und war sehr unglücklich geworden." (S. 36)
Der kleine Prinz verlässt aufgrund dieser Schwierigkeiten, die in Kapitel VII entfaltet werden, seinen Planeten, jedoch in dem Glauben, dass seine Rose „... auf der ganzen Welt einzig in ihrer Art ..." (S. 67) sei.
Diese Einschätzung erweist sich jedoch zunächst als Irrtum, als er ein ganzes Beet voller Rosen sieht (Kap. XX). Was es jedoch mit der Bedeutung der Liebe und der Einzigartigkeit tatsächlich auf sich hat, erfährt er und mit ihm der Leser in Kapitel XXI.

Die Rose kann als Symbol für das Weibliche und die Facetten der Liebe gesehen werden.

3.1 ❐ Der Charakter der Rose

In einer ersten Unterrichtsphase geht es darum, die Figur der Rose zu charakterisieren. Um den Schülern die wesentlichen Kapitel, die die Rose betreffen, präsent zu machen, können die Kapitel VII-IX auf Kassette vorgespielt (s. S. 11) oder noch einmal vorgelesen werden. Vorab werden die Schülerinnen und Schüler darüber informiert, dass es im Folgenden vor allem um den Charakter der Rose geht.

Anschließend bekommt die Lerngruppe folgenden Arbeitsauftrag:

❐ *Unterstreicht alle Aussagen, die die Rose beschreiben, und versucht sie in Stichpunkten zu charakterisieren!*

Da der Text ca. 11 Seiten umfasst, bietet sich hier eine arbeitsteilige Gruppenarbeit an. Die Schülerinnen und Schüler werden in 4 Gruppen unterteilt. Folgende Unterteilung der Seiten erscheint sinnvoll:

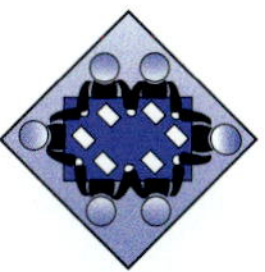

A) Seite 31 bis 33 Mitte
B) Seite 33 Mitte bis 34
C) Seite 35 bis 36 Mitte
D) Seite 36 Mitte bis 38.

Jeweils einer aus der Gruppe wird gebeten, die gefundenen Merkmale an die Tafel zu schreiben. So wird sich folgendes Tafelbild ergeben:

Der Charakter der Rose

Die Rose

- S. 31: nur ein einziges Mal da
- S. 33: schön, von schöner Farbe, ordentlich, eitel, sanft, sie will gefallen; geheimnisvolle Pflege; ist nicht bescheiden, aber rührend
- S. 34: eitel, sanft, empfindlich
- S. 35: recht schwierig, empfindlich (friert), beschämt
- S. 36: duftend, widerspruchsvoll
- S. 37: sanftmütig, treuherzig
- S. 38: stolz

Mit Hilfe dieser Formulierungen können die Schülerinnen und Schüler nun einen Text verfassen, in dem sie die Rose und ihr Verhalten beschreiben.

Alternativ zu diesem Exzerpieren von Charakteristika aus dem Text bietet sich eine mehr produktionsorientierte Vorgehensweise an.

Auf einem Arbeitsblatt bekommt die Lerngruppe 20–30 Adjektive, die menschliche Charaktereigenschaften beschreiben, in ungeordneter Folge abgedruckt, etwa wie folgt:

hässlich eigenartig dumm arrogant
ordentlich eitel grob gemein
sanft bescheiden unempfindlich hart
schwierig nett treu lieb
stolz hinterhältig egoistisch zart
hilfsbereit verständnisvoll stur
ehrlich ängstlich selbstständig verlässlich

Die Lerngruppe erhält dazu folgende Arbeitsanweisung:

❐ *Wählt diejenigen Adjektive aus, die eurer Meinung nach zu dem Charakter und dem Verhalten der Rose passen.*

Die ausgewählten Adjektive werden anschließend bestimmten Textstellen als Beleg zugeordnet. Dies kann in Partnerarbeit geschehen.

Der Vorteil dieser zweiten Methode besteht darin, dass die Charakterzüge der Rose, die vom Autor nicht direkt genannt werden, sondern indirekt durch das Verhalten und das Gesagte ausgedrückt werden, auf diesem Wege von den Schülerinnen und Schülern vielleicht eher erkannt werden.

3.2 ❐ Die Beziehung zwischen der Rose und dem kleinen Prinzen

Ausgehend von der Charakterisierung der Rose kann nun zu der besonderen Beziehung zwischen der Rose und dem kleinen Prinzen übergegangen werden.

Da der Lerngruppe der Text durch die vorangegangene Vorgehensweise noch präsent ist, erhalten die Schülerinnen und Schüler nun das Arbeitsblatt 1, das sich zunächst auf die Empfindungen der Rose zum kleinen Prinzen bezieht (s. S. 31).

Mit dieser Aufgabe wird beabsichtigt, dass sich die Schülerinnen und Schüler zunächst in die Figur der Rose hineinversetzen und sich über deren Einstellungen und Gefühle bewusst werden.

Bei der Auswertung sollte vor allem eine Beurteilung des Verhaltens der Rose im Mittelpunkt stehen. Der Arbeitsauftrag könnte lauten:

❐ *Verfasse eine „Ansprache“ an die Rose, in der du deine Meinung zu ihrem Verhalten deutlich machst!*

Im folgenden Unterkapitel stehen dann die Gefühle des kleinen Prinzen der Rose gegenüber im Mittelpunkt.

Einstellungen und Gefühle der Rose

❒ *Aufgabe:* *Fülle die Gedankenblase der Rose aus, indem du ihre Einstellung und ihre Gefühle zu dem kleinen Prinzen deutlich machst.*

3.3 ❐ Der Abschied und die Abreise

Der kurze Erzählabschnitt IX thematisiert den Abschied des kleinen Prinzen von seinem Planten; dies geschieht jedoch nicht, bevor er alles aufgeräumt und gesäubert hat. Der Erzähler nennt die Abreise des Prinzen eine „Flucht“ (S. 36) und auch der kleine Prinz selbst glaubt zu fliehen und gibt – in der Retrospektive – den Grund dafür an: „Ich habe das damals nicht verstehen können! Ich hätte sie nach ihrem Tun und nicht nach ihren Worten beurteilen sollen. Sie duftete und glühte für mich. Ich hätte niemals fliehen sollen! Ich hätte hinter all den armseligen Schlichen ihre Zärtlichkeit erraten sollen. Die Blumen sind so widerspruchsvoll. Aber ich war zu jung, um sie lieben zu können“ (S. 36).

Dass das Widerspruchsvolle den unwiderstehlichen Reiz einer beginnenden Liebe ausmachen kann, hat der kindlich-naive Prinz nicht verstanden. Das Motiv für die Flucht scheint somit in der für den Prinzen unverständlichen Launenhaftigkeit und seiner Naivität zu liegen; ganz genau erfährt der Leser den Grund jedoch nicht.

Ausgehend von den zuvor verdeutlichten Empfindungen der Rose soll nun herausgestellt werden, was nach Meinung der Lerngruppe dazu führt, dass der kleine Prinz seinen Planeten verlässt.

Hierzu bekommt die Lerngruppe folgenden Schreibauftrag:

- ❐ *Schreibt einen Abschiedsbrief aus der Sicht des kleinen Prinzen an die Rose, in dem seine Gefühle ihr gegenüber und seine Gründe für die Abreise deutlich werden!*

Da einige Schülerinnen und Schüler vermutlich auch Gründe nennen werden, die sich auf die Entdeckerneugier oder den Überdruss an der Monotonie der kleinen Alltagswelt beziehen, kann dies zu einer abschließenden Diskussion führen.

3.4. ❐ Erkenntnisse und Rückkehr

Da die Reise dem kleinen Prinzen Erkenntnisse über seine Rose liefert, sollen die relevanten Erzählabschnitte bereits an dieser Stelle berücksichtigt werden.

Auf der Erde, die der kleine Prinz bereist (Erzählabschnitte XX, XXI, XXV) trifft er fünftausend Rosen, die alle seiner einzigen Rose gleichen, was ihn sehr unglücklich macht: „Ich glaubte, ich sei reich durch eine einzigartige Blume, und ich besitze nur eine gewöhnliche Rose. [...] Und er warf sich ins Gras und weinte“ (S. 67f).
Der Fuchs aber, dessen Bekanntschaft der kleine Prinz in Erzählabschnitt XXI macht, belehrt ihn: „Geh die Rosen wieder anschauen. Du wirst begreifen, dass die deine einzig ist in der Welt“ (S. 73).

Nun erst erkennt der kleine Prinz die wahre Bedeutung seiner Rose für ihn: „Ihr gleicht meiner Rose gar nicht, ihr seid noch nichts. Niemand hat sich euch vertraut gemacht [...] Ihr seid schön, aber leer. [...] Aber in sich selbst ist sie wichtiger als ihr alle, da es meine Rose ist“ (S. 74).

Hier kann – im Vorgriff auf Baustein 5.2. – der Lerngruppe folgender Arbeitsauftrag erteilt werden;

- ❒ *Schreibe einen Text aus der Sicht des kleinen Prinzen, in dem deutlich wird, was er über seine Beziehung zu der Rose nach dem Gespräch mit dem Fuchs gelernt hat.*

Als Alternative bietet sich folgender Arbeitsauftrag in Partnerarbeit an:

- ❒ *Erfinde ein Gespräch zwischen der Rose und dem kleinen Prinzen, nachdem dieser auf seinen Planeten zurückgekehrt ist. Das Gespräch sollte verdeutlichen, was beide in der Zwischenzeit gelernt haben.*

Notizen:

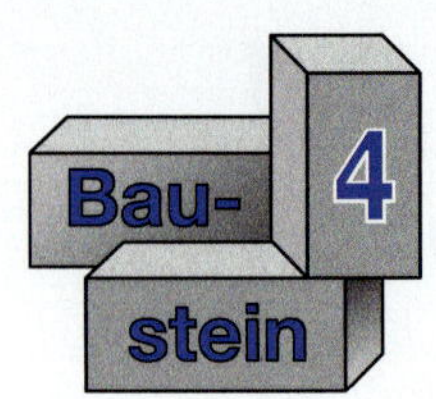

Die Reise durch den Weltraum

Die interplanetarische Reise des kleinen Prinzen, die er antritt, nachdem er seinen Planeten verlassen hat, erstreckt sich über die Kapitel X–XV. Sechs verschiedene Planeten werden von ihm angesteuert, der siebente (XVI) ist letztendlich die Erde.

Es geht dem Autor dabei jedoch weniger um eine Reisebeschreibung als vielmehr um die Typisierung menschlicher Schwächen, verdeutlicht durch die einzelnen Planetenbewohner.

Der kleine Prinz tritt diese Reise an, „um sich zu beschäftigen und um sich zu bilden“ (S. 39). Das heißt, er will die Verhältnisse auf den anderen Planeten erkunden, um seine eigene Situation besser zu verstehen und zu sich selbst zu finden.

4.1. ❐ Die Bewohner der anderen Planeten

Jeder dieser sechs Planeten wird von je einem einzigen Menschen bewohnt, dessen Verhalten parabelhaft einen bestimmten negativen Menschentyp umreißt.

Hier eine kurze Übersicht über die Asteroiden und deren Bewohner:

- *Auf Asteroid 325: der König, der die Perversion menschlicher Herrschafts- und Machtverhältnisse verkörpert.*
- *Auf Asteroid 326: ein Eitler, der die Arroganz der Menschen verdeutlicht.*
- *Auf Asteroid 327: ein Säufer, der die Ignoranz darstellt.*
- *Auf Asteroid 328: ein Geschäftsmann, der sich durch Macht und materialistisches Gewinnstreben auszeichnet.*
- *Auf Asteroid 329: ein Laternenanzünder, der ohne Einsicht und Sinn Handlungen wiederholt.*
- *Auf Asteroid 330: ein Geograf, der durch überzogenes, dünkelhaftes Wissenschaftsgebaren ausgezeichnet ist.*

Die Reihenfolge der vom kleinen Prinzen besuchten Planeten ergibt sich zum einen durch deren Nummerierung; aber auch die Personenreihe ist vom Autor nicht willkürlich gewählt. So bietet die Personenabfolge im Nacheinander eine Wertminderung: vom König über den Eitlen, den Säufer zum Geschäftsmann; letzterer ist in den Augen des Prinzen sehr gering einzuschätzen. Eine kleine Aufwärtsbewegung der Werteinstufung erfolgt dann durch die Gestalten des Laternenanzünders und des Geografen.

Im Mittelpunkt des Unterrichts sollte die Herausarbeitung der Hauptcharakteristika der einzelnen Planetenbewohner stehen.

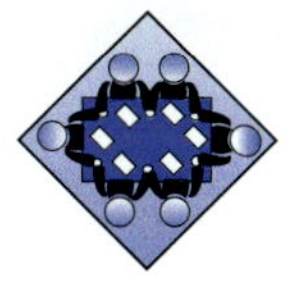

Auf der Grundlage, dass alle Schülerinnen und Schüler den ganzen Text kennen (dies kann in einer Lesestunde oder auch in häuslicher Vorbereitung erfolgen), bietet sich durch die klar gegliederte Abfolge der sechs Kapitel eine arbeitsteilige Gruppenarbeit an.

Hierzu wird die Klasse in sechs Gruppen zu 4–5 Schülerinnen und Schüler unterteilt. Da es sich um unterschiedlich lange und auch unterschiedlich schwierige Kapitel handelt, erscheint es sinnvoll, eine Binnendifferenzierung vorzunehmen.
Das heißt, der Lehrer nimmt die Gruppeneinteilung und -zuteilung je nach Leistungsstand der einzelnen Schülerinnen und Schüler selbst vor.

Der Erarbeitung könnten folgende Leitfragen zugrunde liegen:

- *Was macht der Bewohner auf seinem Planeten, d. h., welche Aufgaben bzw. welche Funktionen hat er?*
- *Beschreibt den Menschen! Welche Eigenschaften zeichnen ihn aus? Was ist das Besondere an seinem Verhalten?*
- *Wie ist die Reaktion des kleinen Prinzen auf das Verhalten?*

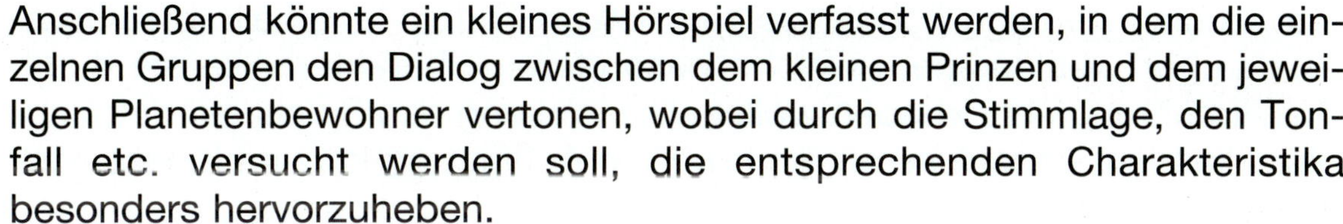

Anschließend könnte ein kleines Hörspiel verfasst werden, in dem die einzelnen Gruppen den Dialog zwischen dem kleinen Prinzen und dem jeweiligen Planetenbewohner vertonen, wobei durch die Stimmlage, den Tonfall etc. versucht werden soll, die entsprechenden Charakteristika besonders hervorzuheben.

Als weitergehende Arbeit bietet sich an, von den Schülerinnen und Schüler ein einfaches Puppentheater herstellen zu lassen.

4.2 ❐ Puppentheater

Für die Konzeption der Aufführung bieten sich zwei alternative Verfahren an.
Zum einen können die jeweiligen Figuren ohne großen Aufwand auf einen DIN A4 Bogen gezeichnet oder kopiert, auf Pappe aufgeklebt und anschließend ausgeschnitten werden. Geführt werden sie an Holzstäben, die an der Rückseite der Figuren befestigt werden. Als Bühne dient ein größerer Faltkarton, aus dem ein passendes Fenster ausgeschnitten wird. (Eine Großkopie einer Figur liegt als Kopiervorlage zum Ausschneiden bei, s. S. 37)

Zum anderen bietet sich auch eine fächerübergreifende Zusammenarbeit mit dem Fach Kunst an. In Absprache mit dem Kunstlehrer oder der Kunstlehrerin könnten die Schülerinnen und Schüler im Unterricht Pappmaché-Puppen (wie bei einem Kasperletheater) basteln und eine etwas aufwendigere Bühne herstellen.

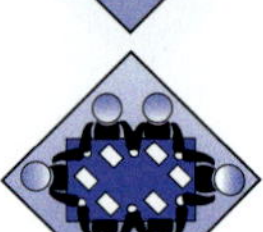

Die Vorbereitung sollte in arbeitsteiliger Gruppenarbeit (sechs Gruppen) mit folgenden Aufträgen erfolgen:

- *Schreibt zu zweit (in Anlehnung an die Kenntnisse aus Baustein 2) ein kurzes Regiebuch, mit dem jeweils das Zusammentreffen vom kleinen Prinzen und der jeweiligen erwachsenen Figur für das Spiel aufbereitet wird.*
- *Erstellt vom kleinen Prinzen und dem jeweiligen Planeten-Bewohner eine Pappmaché-Puppe.*
- *Bastelt eine Bühne für eure Aufführung.*

Die Aufführung ist folgendermaßen gedacht:

Die Bühne wird (wie beim Kasperletheater) auf einen Tisch gestellt, sodass sie für alle Schüler sichtbar ist. Während zwei Schüler die Puppen bewegen, sprechen zwei weitere die Dialoge. Hierbei sollte (da Gestik und Mimik bei Puppen stark eingeschränkt sind) vor allem auf die Stimmlage, den Tonfall, die Schnelligkeit der Sprechpassagen und Ähnliches geachtet werden. Möglich ist auch eine vorherige Aufnahme des Dialogs auf Tonband.

Die Schülerinnen und Schüler sollten sich im Vorfeld innerhalb ihrer Gruppe darüber verständigen, welche besonderen Charakteristika sie durch ihre Aufführung hervorheben wollen. Die Wirkung des Spiels auf das Publikum kann im Anschluss an die jeweilige Aufführung kurz im Klassenverband thematisiert werden.

Beispiel einer Kopiervorlage für die Pappfiguren

4.3 ❐ Erkenntnisse auf der Reise

Auf seiner Reise durch den Weltraum erhält der kleine Prinz Erkenntnisse über die Denk- und Seinsweise der großen Leute.

Die sinnentleerte Herrscherattitüde des Königs macht auf den kleinen Prinzen einen komischen Eindruck. Die Tricks des Königs, dessen Befehle im leeren Raum verhallen, werden vom kleinen Prinzen durchschaut; somit verlässt er enttäuscht und verwundert über diese erste Begegnung mit einem Erwachsenen den Planeten.
Durch die Begegnung mit dem Eitlen macht der Prinz die Erfahrung der Selbstinszenierung und der Geltungssucht; diese egozentrischen Charakterzüge lassen im kleinen Prinzen Unverständnis und Langeweile aufkommen.
Die Begegnung mit dem Alkoholiker dagegen stürzt den Prinzen in tiefe Schwermut. Er erkennt die pathologische Existenzform, die unheilbares menschliches Elend verkörpert.
Der Geschäftsmann ist für den kleinen Prinzen unmenschlich und abstoßend, weil er einer krankhaften Profitgier huldigt und für nichts anderes ein Fünkchen Mitgefühl oder Zeit aufzubringen vermag. Alles Natürliche ist ihm fremd; so sind für ihn z. B. Sterne namenlose Gegenstände, nicht aber, wie für den Prinzen, geheimnisvolle wundersame Gestirne.
Der Laternenanzünder, dem der kleine Prinz auf dem nächsten Planeten begegnet, geht – wie die vorherigen auch – einer völlig sinnlosen Beschäftigung nach. Er ist jedoch nicht Opfer seiner Eigensucht, sondern einer sinnlosen höheren Gesetzgebung. So erscheint er dem Prinzen trotz seiner absurd wirkenden Verrichtungen nicht lächerlich. „Dabei ist er der Einzige, den ich nicht lächerlich finde. Vielleicht deswegen, weil er sich mit anderen Dingen beschäftigt statt mit sich selbst“ (S. 56).
Nachdem der Prinz anfänglich tief beeindruckt ist von den „ungeheueren Büchern“ des Geografen, erkennt er schnell die heillose Ignoranz des Gelehrten. Immerhin verdankt der kleine Prinz dem greisen Geografen jedoch zwei wichtige Hinweise: denjenigen, dass seine Blume der Vergänglichkeit unterworfen sei – der Prinz hatte keine Ahnung von der Vergänglichkeit –, was in ihm einen ersten Anflug von Reue über seine Abreise bewirkt, und dass der Planet Erde sich als Aufenthaltsort besonders empfehle.

Der Katalog moralischer und gesellschaftskritischer Aspekte wird von Schülerinnen und Schülern der 5./6. Klasse sicher nicht in diesem Sinne herausgearbeitet werden können.

So bieten sich für die Interpretation offene, schülerorientierte Arbeitsmethoden an, damit die Schülerinnen und Schüler sich der Bedeutung und der Erkenntnisse aus der Reise in Ansätzen bewusst werden.

Ausgehend von der Schlusspassage des XV. Kapitels (S. 60), in der der kleine Prinz zum ersten Mal, seitdem er seinen Planeten verlassen hat, an seine Rose denkt, können folgende (alternative) Schreibaufträge formuliert werden:

- *Schreibe einen Text aus der Sicht des kleinen Prinzen, in dem zum Ausdruck kommt, was er bisher auf seiner Reise gelernt hat und welche Erfahrungen er mit anderen (den großen) Menschen gemacht hat.*
- *Verfasse einen Brief an den kleinen Prinzen, in dem du zu einzelnen Planetenbewohnern selbst Stellung beziehst! Teile ihm deine Meinung über die großen Leute mit!*

Hier bietet sich als Sozialform die Partnerarbeit an, da die Schülerinnen und Schüler sich dabei über die Erkenntnisse des kleinen Prinzen verständigen und ggf. ihre Texte austauschen können.

Notizen:

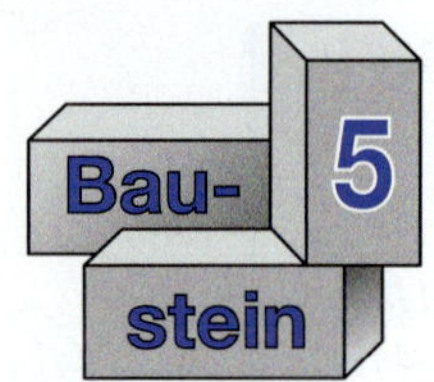

Planet Erde

Der kleine Prinz, der seine kosmische Reise angetreten hat, um zum einen die Verhältnisse auf anderen Planeten zu erkunden, aber auch um seine eigene Situation dadurch besser zu verstehen, hat bisher nur eine von Materialismus, Besitzstreben und Eigensucht durchdrungene Welt kennen gelernt und ist weiterhin auf der Suche nach Freundschaft, Vertrauen und Liebe.
Er landet jedoch nicht auf einem dicht bewohnten Teil der Erde, sondern mitten in der afrikanischen Wüste. Die Wüste als eine weglose, unfruchtbar-dürre, lebensfeindliche Landschaft ist eine Metapher seelischer Verlorenheit und Einsamkeit.
Der kleine Prinz hält in der Wüste Ausschau nach Menschen. Nachdem er über Sand, Felsen und Schnee gewandert ist, trifft er auf eine Straße, die ihn allerdings nicht zu Menschen führt, auf deren Weg er aber eine Schlange, eine armselige Blume, einen Rosengarten und einen Fuchs (der in Unterkapitel 5.2 gesondert behandelt wird) kennen lernt und einiges über die Lebensweise der Menschen, aber auch über sich selbst erfährt.

Dieser Baustein befasst sich somit mit den Erfahrungen des kleinen Prinzen auf der Erde. Diese beziehen sich im Wesentlichen auf die Kapitel XVI–XXI. Im Mittelpunkt der Behandlung stehen die Begriffe Einsamkeit, Freundschaft und Vertrauen.

5.1 ❒ Die Suche nach Freunden

Bevor zu der thematischen Erarbeitung übergegangen wird, bieten sich die Kapitel XVI – XX als Lesetraining an. Durch den Wechsel von Erzählstil und dialogischer Struktur der Seiten 61 – 68 können Schüler den Lesevortrag in besonderer Weise üben. Dabei werden sie zunächst gebeten Betonungswörter und Lesepausen im Text zu markieren.

Dazu erhält die Lerngruppe (evtl. arbeitsteilig) folgenden Arbeitsauftrag:

❒ *Lest euch die Kapitel XVI–XX durch, unterstreicht die Wörter, die beim Vorlesen durch Betonung besonders hervorgehoben werden sollen, und markiert mit Hilfe von Längsstrichen (I oder II) kurze und längere Lesepausen.*

Es kann auch ein kleiner klasseninterner Vorlesewettbewerb stattfinden, bei dem die Schüler je eine Textpassage von 20–30 Zeilen auswählen und diese einüben. Dabei können im Vorfeld Kriterien wie das flüssige Lesen, die Betonung, die Schnelligkeit, Sprechpausen u. Ä. festgelegt werden.

In textanalytischer Hinsicht werden folgende Vorgehensweisen vorgeschlagen:

Für die Erarbeitung bietet es sich an, die Figuren, die dem kleinen Prinzen auf dem Planet Erde begegnen, aufzulisten und die Lerngruppe (arbeitsteilig) herausarbeiten zu lassen, welche Erfahrungen er mit ihnen macht. Gleichzeitig (oder auch in einem gesonderten Schritt) können die Kernsätze aus den jeweiligen Kapiteln herausgeschrieben werden.

Ein Tafelbild oder eine Sammlung auf Folie könnte folgendermaßen aussehen:

Der kleine Prinz auf der Erde

Dort begegnet er:

- einer Schlange (Kap. XVII): Sie spricht in Rätseln: „Ich kann dich weiter wegbringen als ein Schiff“ (S. 64), erinnert dadurch an Tod und Abschied.

=> *Kernsatz*: „Man ist ein bisschen einsam in der Wüste .... Man ist auch bei den Menschen einsam“ (S. 64).

- einer armseligen Blume (Kap. XVIII), die für ihn sehr liebenswert erscheint.

=> *Kernsatz:* „Aber man weiß nie, wo sie [die Menschen] zu finden sind. Der Wind verweht sie. Es fehlen ihnen die Wurzeln ...“ (S. 65).

- dem Echo (Kap. XIX): Auf der Suche nach Freunden und Zuneigung, „Seid meine Freunde, ich bin allein“ (S. 66), unterhält er sich mit seinem Echo, was seine Einsamkeit und Isolation noch verstärkt.

=> *Kernsatz:* „Was für ein merkwürdiger Planet! [...] Und den Menschen fehlt es an Fantasie. Sie wiederholen, was man ihnen sagt ...! (S. 67)

- einem Rosengarten (Kap. XX), der eine große Enttäuschung für den kleinen Prinzen darstellt, da Tausende von Rosen seiner geliebten Rose gleichen.

=> *Kernsatz:* „Ich glaubte, ich sei reich durch eine einzigartige Blume, und ich besitze nur eine gewöhnliche Rose“ (S .68).

Bei der Auswertung dieses Themenblocks soll im klasseninternen Gespräch über diese Kernsätze des Tafelbildes und ihre Bedeutung für den kleinen Prinzen, aber auch für die Schüler und Schülerinnen diskutiert werden.

Zum Thema Freundschaft kann hier auch eine Passage aus einem früheren Kapitel (IV) aufgegriffen werden, in der der Erzähler (sich direkt an den Leser wendend) über die Art und Weise von Erwachsenen, Freunde zu finden, spricht:

„Die großen Leute haben eine Vorliebe für Zahlen. Wenn ihr ihnen von einem neuen Freund erzählt, befragen sie euch nie über das Wesentliche. Sie fragen euch nie: Wie ist der Klang seiner Stimme? Welche Spiele liebt er am meisten? Sammelt er Schmetterlinge? Sie fragen euch: Wie alt ist er? Wie viele Brüder hat er? Wie viel wiegt er? Wie viel verdient sein Vater? Dann erst glauben sie ihn zu kennen." (S. 20)

Hier bietet es sich an, die Lerngruppe entweder darüber sprechen zu lassen, was ihnen an ihren Freunden wichtig ist, oder aber den Eltern zu erzählen, dass sie einen neuen Freund oder eine neue Freundin haben und sich die Fragen, die die Eltern dazu stellen, zu notieren.
Darüber hinaus kann man eine Art Spiel veranstalten, bei dem die Schülerinnen und Schüler jeweils einen/eine aus der Klasse, den/die sie besonders gut kennen und gerne mögen, in 5–6 Sätzen auf einer Karteikarte beschreiben, jedoch ohne auf äußere Dinge oder Zahlen einzugehen. Die Karten werden ohne Namen abgegeben und von anderen vorgelesen. Die anderen Schülerinnen und Schüler sollen dann raten, wer beschrieben wird. Wer die richtige Lösung gefunden hat, darf die nächste Karte vorlesen.
Durch diese Art der Charakterisierung sollen sich die Schülerinnen und Schüler der Werte ihrer Mitschüler bewusst werden.

5.2 ❐ „Man sieht nur mit dem Herzen gut"

Dieses Unterkapitel ist dem Erzählabschnitt XXI gewidmet, der die wichtige Begegnung des kleinen Prinzen mit dem Fuchs schildert. In ihrer Unterhaltung geht es zunächst um den Begriff des „Zähmens". Der Fuchs verdeutlicht dem kleinen Prinzen die Verwandlung der Welt durch gegenseitiges „Sich-vertraut-Machen"; nur ein solches sei der Weg zur Überwindung der Vereinzelung und der Einsamkeit und der Weg zur Freundschaft. Hinsichtlich dieser Thematik wird noch einmal die Beziehung des kleinen Prinzen zu seiner Rose aufgegriffen.
Abschließend teilt der Fuchs dem kleinen Prinzen das wichtigste Geheimnis des Lebens, das Fazit seiner Erfahrungen und seines Wissens, mit: „Es ist ganz einfach: man sieht nur mit dem Herzen gut. Das Wesentliche ist für die Augen unsichtbar" (S. 71).
Somit ist es der Fuchs, der den Prinzen zur Freundschaft führt und ihn das wahre Sehen und Erkennen der Dinge lehrt.

In einer ersten Unterrichtsphase geht es darum, bereits vor der Besprechung des Kapitels die Schüler und Schülerinnen zu fragen, was sie unter „zähmen" verstehen. Erwartungsgemäß werden sie diesen Begriff mit Tieren in Verbindung bringen.

Daran anschließend wird der Arbeitsauftrag formuliert:

- ❒ *Habt ihr schon einmal ein Tier gezähmt, wenn ja, welches und wie?*
- ❒ *Wenn nicht, welches Tier würdet ihr zähmen und wie würdet ihr das machen? Verfasst einen kurzen Bericht dazu!*

Durch diese *pre-reading-Phase* sind die Schülerinnen und Schüler schon für das Thema sensibilisiert. Nun wird das Kapitel gemeinsam gelesen und aus dem Text herausgearbeitet, was der Fuchs unter dem Wort „zähmen“ versteht.

Hier kann in folgendem Tafelbild der „Weg des Zähmens“ festgehalten werden:

Das Zähmen

1. Was heißt ‚zähmen‘?
   => sich vertraut machen, Freunde gewinnen

2. Wie zähmt man jemanden?
   - Man muss geduldig sein.
   - Man soll sich gegenseitig anschauen und beobachten.
   - Man darf nichts sagen.
     („Sprache ist die Quelle aller Missverständnisse“, S. 71)
   - Man soll sich einander annähern.
   - Es muss feste Bräuche geben.

Nachdem dies in einem Tafelbild festgehalten ist, geht es nun darum, herauszuarbeiten, welche Erkenntnisse der kleine Prinz daraus zieht.

In Anlehnung an den Satz des kleinen Prinzen zu den anderen Rosen: „Ihr gleicht meiner Rose gar nicht, ihr seid noch nichts“ (S. 71) können die Schülerinnen und Schüler auch an dieser Stelle folgenden Schreibauftrag in Partnerarbeit erhalten:

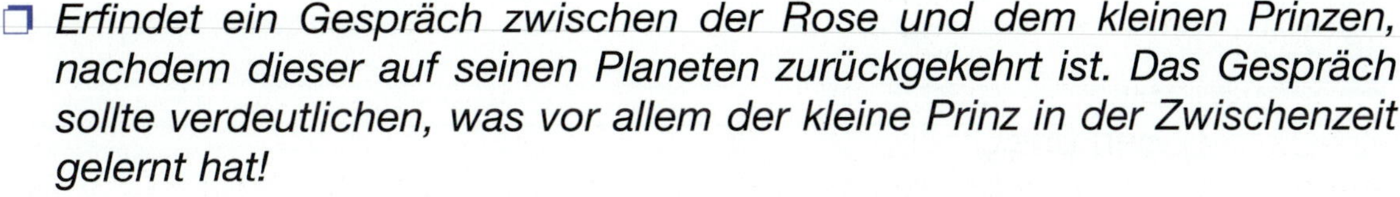

- ❒ *Erfindet ein Gespräch zwischen der Rose und dem kleinen Prinzen, nachdem dieser auf seinen Planeten zurückgekehrt ist. Das Gespräch sollte verdeutlichen, was vor allem der kleine Prinz in der Zwischenzeit gelernt hat!*

Außerdem kann in Anlehnung an den Satz „Du bist zeitlebens für das verantwortlich, was du dir vertraut gemacht hast“ (S. 75) folgender Schreibauftrag gegeben werden:

- ❒ *Verfasse einen kurzen Text, in dem du darlegst, für wen oder was du dich verantwortlich fühlst und was das für dich bedeutet.*

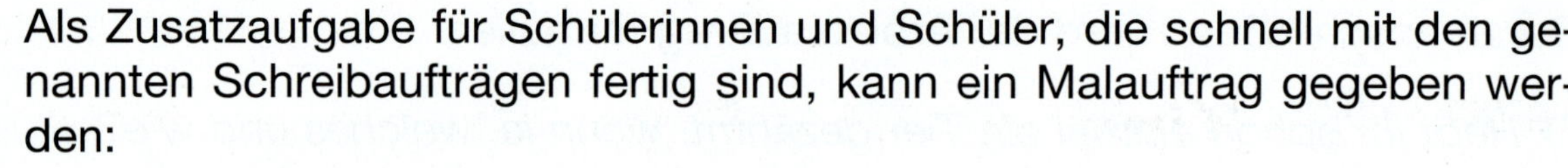

Als Zusatzaufgabe für Schülerinnen und Schüler, die schnell mit den genannten Schreibaufträgen fertig sind, kann ein Malauftrag gegeben werden:

❒ *Malt ein Bild, das den Fuchs und den kleinen Prinzen zeigt, und eine Sprechblase, in der die Lehre des Fuchses steht.*
Vielleicht schenkt ihr dieses Bild einem Menschen, den ihr gern habt.

Notizen:

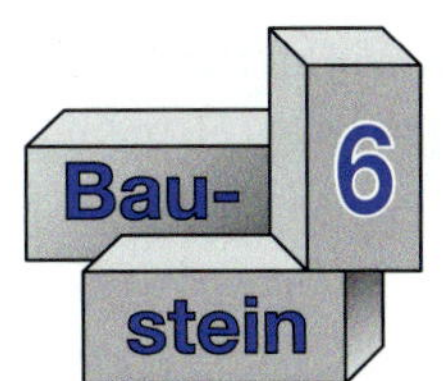

Kinderwelt – Erwachsenenwelt: eine Annäherung?

Dieser Baustein befasst sich mit den letzten Kapiteln der Erzählung.
Der Erzähler, aus Angst auf seiner Wanderung durch die Wüste zu verdursten, begibt sich mit dem kleinen Prinzen auf die Suche nach einem Brunnen. Während ihrer anstrengenden Wanderung erleben sie die geheimnisvolle Schönheit der Wüste, aber das, was sie ausmacht, ist unsichtbar. Der kleine Prinz ist glücklich darüber, dass diese Erkenntnis des Erzählers mit der Lehre des Fuchses übereinstimmt.
Schließlich stoßen die beiden tatsächlich auf einen Brunnen und beide kommen wieder zu Kräften. In einem Dialog zwischen Erzähler und Prinz kündigt sich der bevorstehende Abschied des kleinen Prinzen an. Der kleine Prinz äußert, dass er nun nach Hause zurückkehren werde; auch der Erzähler, der die Reparatur an seinem Flugzeug beenden konnte, kann nach Hause zurückfliegen.
In diesen letzten Gesprächen wird deutlich, dass die beiden, als Stellvertreter der Kinderwelt und der Erwachsenenwelt, sich näher gekommen sind, indem der Erzähler die Denk- und Sichtweise des kleinen Prinzen besser verstehen gelernt hat.

6.1. ❐ Der Weg zum Brunnen

Dass der Weg zum Brunnen eine Annäherung bzw. eine Vertiefung der Freundschaft zwischen dem kleinen Prinzen und dem Erzähler bedeutet, wird besonders in Kapitel XXIV deutlich.

Diese Annäherung, d. h. das gegenseitige bessere Verständnis, manifestiert sich vor allem in folgenden drei Sätzen, in denen das Verb „verstehen“ verwendet wird:

- „Er [der kleine Prinz] <u>verstand</u> meinen Einwand nicht, ...“ (S. 74 unten)
- „Ich [der Erzähler] <u>verstand</u> seine Worte nicht, aber ich schwieg ...“ (S. 75 Mitte)
- „Ich [der Erzähler] war überrascht, dieses geheimnisvolle Leuchten des Sandes plötzlich zu <u>verstehen</u>.“ (S. 75 unten /76 oben)

Um diesen Prozess des Verstehens der Lerngruppe nahe zu bringen, kann nach einem entsprechenden Lesedurchgang folgender Arbeitsauftrag formuliert werden:

❐ *Malt ein Bild, auf dem der Erzähler den kleinen Prinzen trägt. Schreibt in zwei Gedankenblasen einen kurzen Text, der deutlich macht, was sie in diesem Moment über den anderen denken.*

Will man die drei entscheidenden Sätze nicht vorgeben, so kann man die Lerngruppe diese durch Finden von Überschriften zu den einzelnen Passagen und das Unterstreichen von Kernsätzen selbst herausstellen lassen.

6.2. ❒ Der Abschied des kleinen Prinzen

In Kapitel XXVI wird der Abschied des kleinen Prinzen vorbereitet. Er macht Andeutungen, sodass der Erzähler seinen Entschluss erahnt, sich jedoch nicht traut den kleinen Prinzen konkret zu fragen.

So kann in Anlehnung an den Satz des Erzählers „Und jetzt wagte ich nicht, ihn weiter zu fragen“ (S. 82 Mitte) den Schülerinnen und Schülern der Schreibauftrag gegeben werden:

❒ *Erfindet ein Gespräch zwischen dem Erzähler und dem kleinen Prinzen, in dem deutlich werden soll, welche Fragen der Erzähler stellen und welche Antworten der kleine Prinz bezüglich seines Vorhabens geben würde.*

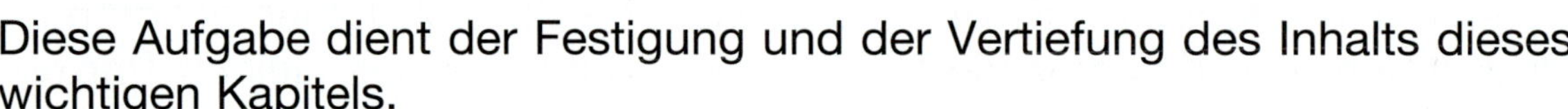

Diese Aufgabe dient der Festigung und der Vertiefung des Inhalts dieses wichtigen Kapitels.

Als weitere kreative Aufgabe kann den Schülerinnen und Schülern nach der Lektüre der Seiten 84–92 der Auftrag gegeben werden, selbst von etwas zu berichten, was ihnen wichtig ist, was jedoch für die anderen nicht sichtbar ist. So z. B. von den Erinnerungen an einen Menschen, den man kennen gelernt hat und mit dem man jetzt keinen Kontakt mehr hat oder der verstorben ist, oder von einem Urlaub, an den man ganz besondere Erinnerungen hat, oder auch einfach nur von etwas, was jemand einmal gesagt hat, was einem aber immer in Erinnerung bleibt.

Hier können die Schülerinnen und Schüler ihre persönlichen Erfahrungen mit in das Unterrichtsgeschehen einbringen.

Eine weitere Idee ist, einige Schülerinnen und Schüler Musik für dieses sehr melancholische Kapitel auf Band aufnehmen (oder selbst spielen) zu lassen. Hier kann dann ein entsprechender Vortrag mit Musik (als Hintergrundmusik oder im Wechsel mit dem Lesevortrag) dargeboten werden.

6.3 ❒ Abschluss

In dem letzten Kapitel XXVII und dem Nachwort macht sich der Erzähler Gedanken darüber, wie der kleine Prinz auf seinem Planeten wohl zurechtkommen mag. Hier schließt sich die Rahmenerzählung.

Der Erzähler zeichnet nochmals die für ihn „schönste und traurigste Landschaft der Welt" auf, in der er dem kleinen Prinzen begegnet ist.
Mit einer Aufforderung an alle Leserinnen und Leser, in dieser Landschaft gerade unter dem Stern ein wenig darauf zu warten, ob nicht der kleine Prinz dort wieder erscheint, und mit der Bitte, dem Erzähler dies, sollte es der Fall sein, schnell zu melden, schließt die Erzählung.

Nach Beendigung der Lektüre bieten sich unterschiedliche Unterrichtsmethoden an, um der Reihe einen Abschluss zu geben.

Folgende Arbeits- bzw. Schreibaufträge erscheinen sinnvoll:

❐ 1. *Wie geht es weiter? Schreibe eine Fortsetzung der Erzählung „Der kleine Prinz" nach dessen Rückkehr auf seinen Planeten.*

❐ 2. *Schreibe einen Brief an einen Freund oder eine Freundin, in dem du ihm/ihr von dem Buch „Der kleine Prinz" berichtest. Informiere den Briefpartner vor allem darüber, wie es dir gefallen hat.*

❐ 3. *Entwirf einen Buchdeckel für den „kleinen Prinzen", auf dem das zu sehen ist, was dir besonders wichtig ist.*

❐ 4. *Erstelle ein Werbeplakat für das Buch „Der kleine Prinz", in dem du vor allem die Aspekte des Buches nennst, für die du dich am meisten interessierst und von denen du glaubst, dass sich auch andere dafür interessieren.*

❐ 5. *Fasse abschließend noch einmal zusammen, was du über die „großen Leute" gelernt hast. Nimm Stellung dazu, was du gut findest und was nicht!*

Außerdem kann der Lerngruppe eine kurze Biografie des Autors Antoine de Saint-Exupéry (siehe Zusatzmaterial 1) ausgehändigt werden; einige Arbeitsfragen zu dem Text könnten sein:

❐ *Fasse die wichtigsten Informationen des Textes stichwortartig zusammen. Dabei soll es vor allem um folgende Bereiche gehen:*

- *Saint-Exupérys Fliegerlaufbahn*
- *seine Einstellung zum Fliegen*
- *seine äußere Erscheinung*

Sinnvoll ist es, wenn du zunächst mit verschiedenfarbigen Stiften die Aussagen zu den jeweiligen Bereichen unterstreichst.

Es ist durchaus möglich, die Schülerinnen und Schüler unter diesen (oder weiteren) Vorschlägen wählen zu lassen, um ihnen individuell nach ihren Vorlieben einen Abschluss zu der Erzählung „Der kleine Prinz" zu ermöglichen. Auch die Sozialform, ob Einzel-, Partner- oder Gruppenarbeit, sollte der Lerngruppe zur Wahl gestellt werden.

Kurzbiografie des Autors Antoine de Saint-Exupéry

Rudolf Braunburg: Flug in den Tod ...

„Das Flugzeug ist wohl eine Maschine – indes welch ein unendlich fein empfindendes Gerät! Ihm danken wir die Entdeckung des wahren Gesichts unserer Erde ... Das Fenster am Führersitz ist die Linse eines Mikroskopes und mit neuen Augen lesen wir darin die Weltgeschichte.“

Der Pilot, der diese Zeilen schrieb, verschwand im Juli 1944 mit seinem Flugzeug spurlos über dem Mittelmeer. Um seinen Tod ranken sich Mutmaßungen, ja Legenden.

Saint-Exupéry, 1900 in Lyon geboren, tritt 1921 als Militärflieger ins 2. Fliegergeschwader in Straßburg ein. Er hat bereits innerhalb von anderthalb Jahren zwei Abstürze. Viele werden noch folgen. Denn Antoine ist keineswegs der großartige Pilot, für den die begeisterten Leser seiner Bücher ihn halten. Fliegen bedeutet für ihn Freiheit, Freiheit auch der persönlichen Entscheidung.

Zu fliegen bedeutete für Antoine de Saint-Exupéry Freiheit – und zunächst waren Instrumente und Schalter im Cockpit auch noch überschaubar.

Notlandung in der Wüste

Saint-Exupéry flog weitaus weniger über den Südatlantik, als die Leser seines „Nachtflug“ und „Südkurier“ vermuten müssen. Nur in den letzten drei Jahren der zwanziger Jahre war er auf den Strecken Toulouse – Casablanca und Dakar – Casablanca fliegerisch im Einsatz. Während seine beiden erwähnten Bücher mit Preisen ausgezeichnet wurden, stürzte er auf der Strecke Marseille – Algier 1932 mit einem Wasserflugzeug ab und ertrank beinahe. 1935 dann ein wichtiger Absturz: der vierte. Mit der Absicht, einen Rekord auf der Strecke Paris – Saigon aufzustellen, muss er 200 Kilometer vor Kairo in der Wüste notlanden. Der Grund: Aus Zeitmangel (oder Nachlässigkeit) hat er sich über die meteorologischen Gegebenheiten nur unzureichend informiert beziehungsweise sie vernachlässigt. Unwetter zwingen ihn zur Notlandung; er marschiert fünf Tage bis zu seiner Rettung durch eine Karawane. Doch das Wunderbare an diesem fliegerischen Versagen: Aus diesem Erlebnis entsteht sein bekanntestes Buch „Der kleine Prinz“.

Als der Zweite Weltkrieg beginnt, gräbt er sich, von der Pflicht erfüllt, sein Vaterland zu verteidigen, sein eigenes Grab. Keine Bürokratie legt Wert auf seine Freiwilligenmeldung.

Man hält ihn für untauglich. Ein Schock! Er, untauglich für den Kriegsdienst? Zwar hat er einst geschrieben: „Warum führen wir Krieg, da uns ja zugleich bekannt ist, dass er widersinnig und grauenhaft ist?“ Doch er will seine „Kameraden“, seine „Einheit“ nicht im Stich lassen. Nach vielen, nicht ganz legalen Tricks gelingt es ihm, zur Gruppe 2/33 versetzt zu werden. Und da hat er ursprünglich eine vertraute zweimotorige, französische Bloch 174 geflogen. Dem Piloten auf den Leib geschneidert und sehr schnell. Stolz verkündet er, dass er in dieser Maschine „dreiundachtzig Instrumente und Schalter“ im Blickfeld haben muss.

Doch dann kommen die Amerikaner mit ihrer zwei-motorigen, zweirümpfigen Lightning. In ihr gibt es über zweihundert Instrumente und Schalter. Eine neue Art zu fliegen. Zum ersten Mal wird nach Checklisten geflogen, die Punkt für Punkt verlesen und abgehakt werden müssen. Auf Englisch, versteht sich, und nichts für einen freiheitsliebenden Franzosen, der kaum der englischen Sprache mächtig ist.

Ein neues System des Fliegens

Aber nicht nur das neue System führt zum Untergang Saint-Exupérys. Sein inzwischen fast ein Dutzend Mal zerbrochener Körper, trotzdem aber immer noch robust und umfangreich, passt einfach nicht hinein ins hautenge Cockpit des amerikanischen Lightning-Aufklärers. Die neuen, großen Höhen mit ihrem Druckwechsel, die Hitze auf den Plätzen, der Zwang die Sauerstoffmaske aufzusetzen und über Funk stets mit der Bodenstelle in Verbindung zu bleiben und deren Anordnungen kritiklos entgegenzunehmen, das lange Ausharren vor dem Start mit dem Verlesen der Checklisten ... das alles muss ihn zermürbt haben.

Doch er macht immer noch weiter mit. Er hält die modernen Kriegsflugzeuge für „fliegende Torpedos“, die nichts mehr mit der Fliegerei zu tun haben und die „den Piloten ... zu einer Art Buchhalter machen“. Nicht nur sein Körper, auch sein Geist scheint verschlissen. Er erhält die Sondergenehmigung für fünf Kriegseinsätze auf der Lightning und er bemerkt weder rechtzeitig, dass einer der beiden Motoren keine Leistung mehr hat, noch kommt er mit der Sauerstoffschaltung klar. Mehrmals hat er in großer Höhe das Bewusstsein verloren, weil er den Sauerstoffmangel nicht rechtzeitig bemerkte. Von der amerikanischen Anflugkontrolle wird er als „Feindflugzeug“ identifiziert, weil er versäumt, rechtzeitig auf den Erkennungs-Radarcode umzuschalten.
Zwei Wochen vor seinem Todesflug, also Mitte Juli 1944, befürworten selbst seine Verehrer ein Startverbot. Am 17. Juli 1944 wird seine Gruppe von Sardinien nach Borgo auf Korsika verlegt. Das Manuskript für „Die Stadt in der Wüste“ trägt er in seinem schweinsledernen Koffer.

Einen Flug trotzt er ab ...

Zur Überführung darf er eine der ältesten Lightnings steuern. Doch kurz vor dem Start nimmt ihm einer der nachfolgenden Piloten den Koffer mit dem Manuskript ab, damit nicht Autor und Buch in der gleichen Maschine verloren gehen.
Am 18. Juli 1944, dreizehn Tage vor seinem Tod, fliegt er einen fehlerlosen Einsatz, seinen vorletzten. Am 31. Juli trotzt er seinen Vorgesetzten einen Flug ab, von dem er nicht mehr zurückkehrt.
„Ich habe niemals jemanden, mit dem ich reden kann. ... Welche geistige Einsamkeit!“

Aus: Rudolf Braunburg: Der Pilot. München: Callwey Verlag 1991.

Antoine de Saint-Exupérys „Der kleine Prinz“ – ein Märchen?

Gattungsspezifische Merkmale des Märchenhaften

Die Ansicht, Antoine de Saint-Exupérys Erzählung „Der kleine Prinz“ sei ein Märchen, ist weit verbreitet. Der Dichter warnt aber ausdrücklich davor, sein Werk als Märchen zu betrachten, denn es sei für einen Erwachsenen – seinen Freund Léon Werth – geschrieben, in dem allerdings das Kind, das er einst war, noch immanent sei. Er hätte am liebsten – so Exupéry im Erzählabschnitt IV – seine Geschichte wie ein Märchen begonnen: „Es war einmal ein kleiner Prinz, der wohnte auf einem Planeten, der kaum größer war als er selbst, und er brauchte einen Freund ...“ Aber er sei, so sagt er im gleichen Erzählabschnitt, leider nicht im Stande durch Kistenbretter hindurch Schafe zu sehen, das heißt also, dem Wesen des Märchenhaften völlig Rechnung zu tragen.

Dennoch hat die Erzählung „Der kleine Prinz“ überraschend viele märchenhafte Züge. Sie enthält „fantastisch-wunderbare Begebenheiten aus freier Erfindung ohne zeitlich-räumliche Festlegung, den Naturgesetzen widersprechende und an sich unglaubwürdige Erscheinungen“, die jedoch aus dem Geist des Märchens heraus den Anspruch auf Glaubwürdigkeit erheben, sie besitzt die einfache, kindtümliche Form der Aussageweise, die den Märchenstil kennzeichnet, dessen Formelhaftigkeit und Variationsbreite.

Wunderbares, das den Gesetz der Schwerkraft, der Physik widerspricht, ereignet sich und wird als selbstverständlich hingenommen. Unbekümmert um Orts- und Zeitbestimmungen schaltet der Dichter frei mit diesen Angaben. Astronomische Entfernungen werden bei der Sternenreise des kleinen Prinzen mühelos überbrückt, die Zeit ist nicht messbar. Maßgebend ist allein das Walten der Fantasie: „Was sich nie und nirgends hat begeben, das allein veraltet nie.“

Wie im echten Märchen sind die Grenzen zwischen der irdischen, natürlichen Erfahrungswelt und der unirdischen, übernatürlichen metaphysischen Welt aufgehoben. Der realen Welt des Erzählers (Motorschaden, Flugzeugreparatur) steht die irreale Welt des kleinen Prinzen gegenüber (Affenbrotbäume, Vulkane, sprechende Blumen und Tiere). Wie die „Helden“ der Märchen wandert der kleine Prinz durch die Welt um das „Eigentliche“ zu entdecken. Er versteht die Sprache der Blumen und Tiere, die menschliche Eigenschaften haben und mehr wissen als der Märchenheld, als der kleine Prinz, und selbst dem Erzähler an Voraussicht und Weisheit überlegen sind. Märchensymbole sind insbesondere das Schaf, das naive Einfalt, der Fuchs, der Weitsicht und Klugheit, und die Schlange, die Verführung, Gefährlichkeit und die Todesmacht verkörpert. Märchensymbol ist die Wüste, die ebenso wie der Wald der Volksmärchen Unwegsamkeit, Leere und Irrgang verkörpert; Märchensymbol ist auch die Rose, die Sinnbild der Anmut, Schönheit, Liebe und zugleich der Vergänglichkeit ist. Der Held der Erzählung, der kleine Prinz, ist wie jeder echte Märchenheld eine Figur von symbolischem Charakter, zunächst der Welt – den Planeten und ihren Bewohnern – gegenüber ein „Dümmling“, dann aber ein „Heilbringer“, der die Unzulänglichkeit der irdischen Welt bloßstellen und den rechten Weg zu ihrer Vervollkommnung aufzeigen soll.

Wie im echten Märchen ist auch der Zweck der Erzählung Antoine de Saint-Exupérys ein moralischer. Wie jenes zeigt uns auch seine Erzählung, wie die Welt ist und wie sie sein sollte, zeigt uns den Gegensatz von Gut und Böse, zielt auf die Aufhebung der bestehenden Mängel hin und fordert deren Beseitigung durch die Kräfte des Herzens, durch ein auf Freundschaft und Vertrauen basierendes ethisches Verhalten der Menschheit.

Allerdings hält die Erzählung vom kleinen Prinzen auch manche Fragen offen. Da ist der Königssohn von einem fremden Stern, der die Erde besucht um ihre Bewohner und deren Eigenarten kennen zu lernen; aber er, „Gegenchiffre zur unmenschlichen Welt der Erwachsenen“ (Eugen Drewermann) kann die Selbstsüchtigen und Verkrusteten, diese „Märtyrer des Ichs“ (Eugen Drewermann) nicht läutern, sondern kehrt ihnen als hoffnungslos Verlorenen angewidert, voller Abscheu und Verachtung den Rücken und überlässt diesen Jahrmarkt der Eitelkeiten, Vanity Fair, sich selbst. Eine direkte Erlösung der anfälligen und egozentrischen Menschheit bewirkt also der kleine Prinz nicht; ihn selbst weist erst der Fuchs, der Klugheit und Weisheit gegenüber der kindlichen Naivität des kleinen Prinzen besitzt, auf den Weg, der zur Erlösung führt.

Aus: Edgar Neis: Antoine de Saint-Exupéry: Der kleine Prinz. Bearbeitet von Klaus Barners. Analysen und Reflexionen Bd 56. Hollfeld: Beyer Verlag, Aufl. 1991, S. 64–67